Kirsten Boie

Lena
Allerhand und mehr

Bilder von Silke Brix

Verlag Friedrich Oetinger · Hamburg

Kirsten Boie, Deutschlands wichtigste Kinder- und Jugendbuchautorin (DIE WELT), wurde 1950 in Hamburg geboren, studierte Deutsch und Englisch und promovierte in Literaturwissenschaft. Ihre Bilder-, Kinder- und Jugendbücher erhielten zahlreiche Auszeichnungen. 2001 wurde Kirsten Boie zum zweiten Mal für den Hans-Christian-Andersen-Preis, die höchste internationale Auszeichnung für Kinder- und Jugendliteratur, nominiert.

Silke Brix, 1951 in Schleswig-Holstein geboren, studierte an der Fachhochschule für Gestaltung in Hamburg. 1986 erschien ihr erstes Bilderbuch, ein Jahr später begann ihre intensive Zusammenarbeit mit Kirsten Boie, aus der bislang rund 30 Bücher entstanden sind.

Die Geschichten sind den bisher in der Reihe
„Sonne, Mond und Sterne“ erschienenen Büchern entnommen.
Einband und Illustrationen von Silke Brix
Reproduktion: Domino GmbH, Lübeck
Druck und Bindung: J. P. Himmer, Augsburg
Printed in Germany 2002
ISBN 3-7891-3142-3

www.oetinger.de

Inhalt

Lena hat nur Fussball im Kopf

Diesmal war der König eine Königin. Die meisten Tore beim Freundschaftsspiel der E-Jugend am Sonntag schoss die neunjährige Lena. *Foto: bh*

1.

„Also damit muss jetzt aber Schluss sein!“, sagt Mama und lässt sich auf den Küchenstuhl plumpsen. „Sechzehn Aufgaben falsch von fünfundzwanzig!“
Auf dem Tisch steht der Adventskranz. Die Kerze ist schon ein bisschen heruntergebrannt, aber Lena ist es trotzdem kein bisschen weihnachtlich.
„Ja, leider, Mama“, sagt Lena. „Frau Schneider sagt, es war eine schwere Arbeit.“
„Schwer!“, ruft Mama böse und wedelt mit dem Mathezettel in der Luft herum. „Das kleine Einmaleins! Das habt ihr schon im letzten Jahr gelernt! Und da glaubst du immer noch, drei mal vier ist vierzehn!“
„Jetzt glaub ich das nicht mehr, Mama“, sagt Lena

schnell. „Jetzt weiß ich das richtig. Die Arbeit war ja schon Freitag."

„Na, das ist doch tröstlich!", ruft Mama. „Dass du es jetzt wenigstens weißt! Aber sechzehn Aufgaben falsch von fünfundzwanzig, das ist ja schlechter als fünf!"

Lena zuckt die Achseln. Drei mal vier und fünf mal sechs und neun mal zwei, das ist ihr alles egal. Später nimmt sie sowieso einen Taschenrechner. Oder sogar einen PC.

„Aber das werden wir jetzt mal ändern", sagt Mama grimmig. „Da können wir schließlich was tun. Dann wird eben jetzt mehr geübt, liebes Fräulein! Und nicht so viel gedödelt! Du bist schließlich neun Jahre alt!"

„Mhm, bin ich", sagt Lena vorsichtig. Vielleicht müsste sie nur was von Vorweihnachtszeit sagen und von guter Weihnachtsstimmung, damit Mama wieder freundlich wird, aber das traut sie sich nicht.

„Und mit dem Üben fangen wir jetzt gleich mal an", sagt Mama und hält Lena den Mathezettel hin. „Du kannst in dein Zimmer gehen und die Berichtigung machen. Und ich kontrollier das dann nach!"

„Ja, Mama, das mach ich", sagt Lena. Sie ist ganz froh, dass sie nicht mehr länger Mamas Geschimpfe hören muss.

2.

Drei mal vier ist zwölf, denkt Lena, und drei mal acht ist irgendwas mit zwanzig. Aber was ist sechs mal sieben? Mathematik ist das grässlichste Fach auf der Welt.
„Na, Lena, wie geht es?“, ruft Mama aus der Küche. „Bist du gleich fertig?“
Lena nickt. Obwohl Mama das in der Küche ja nicht sehen kann. Aber hören könnte sie Lena sowieso auch nicht. Weil sie sich nämlich die Kassette mit den Weihnachtsliedern angemacht hat. Ganz laut.
Und in Wirklichkeit ist Lena auch noch lange nicht fertig. Erst drei Aufgaben hat sie gerechnet und schreckliche sechzehn sollen es werden.

„Was hast du gesagt?“, fragt Mama und steckt ihren Kopf zur Tür herein. Die Weihnachtsmusik wird lauter. „Tut mir Leid, dass ich vorhin so geschimpft habe, Lena. Ich hab heute Nacht zu wenig geschlafen, da bin ich dann immer leicht gnatterig.“ Sie beugt sich über Lenas Schulter. „Aber jetzt ...!“, sagt Mama.
Dann stößt sie einen merkwürdigen Laut aus.
„Lena!“, ruft sie. „Acht mal drei ist vierundzwanzig! Und drei mal fünf ist fünfzehn! Das ist ja wieder alles falsch!“
Lena duckt sich ganz tief über ihr Heft. Jetzt soll Mama bloß nicht wieder schimpfen. Schließlich kann Lena nichts dafür, wenn sie nicht so gut rechnen kann. Sie hat sich wirklich Mühe gegeben.
Aber diesmal schimpft Mama auch gar nicht. Sie holt

nur einmal tief Luft und setzt sich auf die Kante von Lenas Schreibtisch. „Das üben wir jetzt, bis es klappt", sagt Mama energisch. „Das ist nämlich gar nicht so schwer. Du wirst sehen, die nächste Arbeit ist dann schon besser."

Lena nickt und schiebt ihren Stuhl zurück. „Ja, machen wir, Mama", sagt sie. Da kann sie sowieso nichts mehr ändern. „Aber jetzt hab ich Training. Heute Abend üben wir das."

Das Training darf Lena auf keinen Fall verpassen. Sonst ist sie am Sonntag nicht fit. Und dann wird sie vielleicht nicht aufgestellt. Aber Mama hat doch schon wieder vergessen, dass sie auf sich aufpassen muss, weil sie schlecht geschlafen hat. Jetzt schimpft sie schon wieder. „Zum Training?", schreit Mama. „Wo du Mathe üben sollst? Wo die letzten drei Arbeiten schon so schlecht waren? Aber du denkst natürlich immer nur an Fußball!" Mama springt auf. „Das wird jetzt mal anders, mein Kind!", ruft sie und fast wäre der Schreibtisch unter ihr umgekippt. „Jetzt wirst du mal lernen, was wichtig ist! Der Fußball wird bis Weihnachten auf dich verzichten müssen! Du denkst ja sonst an nichts anderes mehr!" Und Mama geht aus dem Zimmer und knallt die Tür hinter sich zu.

Das darf Lena nie. Auch nicht, wenn sie zu wenig geschlafen hat.

3.

In der Ecke zwischen Schreibtisch und Bett sitzt Lena immer, wenn sie weinen muss. Ihren Bollermann nimmt sie dann auch in den Arm, das ist ihr riesiger Stoffhund mit dem einen Ohr, den sie jedes Mal unter der Bettdecke versteckt, wenn ihre Freundinnen kommen. Aber heute kann nicht mal Bollermann helfen.
„Scheißmama“, flüstert Lena ganz leise. Damit wirklich nur Bollermann sie hört. „Scheißmathe!“ Und sie denkt an das Spiel nächsten Sonntag und dass sie im Sturm spielen sollte. Weil Robert jetzt umgezogen ist, der war vorher Torschützenkönig.
Lena hat schon immer ordentlich Fußball gespielt. Als sie ganz klein war, hat Papa ihr das beigebracht, aber als sie dann fünf war und die Jungs in den Verein gekommen sind, da sollte Lena plötzlich nicht mehr. „Du willst doch bestimmt lieber mit deinen Freundinnen spielen!“, hat Papa gesagt. Aber der Trainer im Fußballverein wollte, dass sie es erst mal versucht. „Vielleicht wird es ihr sowieso schnell langweilig“, hat er gesagt. „Bald kommt die Zeit, wo sie schöne Kleider tragen und nichts mit Jungs zu tun haben will.“ Es ist

Lena aber nicht langweilig geworden, kein bisschen. Weil sie nämlich Fußball spielen *und* schöne Kleider tragen und mit ihren Freundinnen spielen kann. Und gegen Jungs hat sie auch nicht so viel.

Aber Mama muss ihr natürlich alles verderben! „Lena?“, ruft Mama aus der Küche.

Wer nicht zum Training kommt, wird natürlich auch nicht eingesetzt, das ist klar. Ein Stürmer muss regelmäßig trainieren. „Hast du dich wieder beruhigt?“, ruft Mama.

Lena zieht die Nase hoch und gibt Bollermann einen Kuss auf den Kopf. „Armer, alter Bollermann“, flüstert sie. „Armer, armer, alter Bollermann.“

„Es ist doch nur, bis du in Mathe ein bisschen besser bist!“, ruft Mama aus der Küche.
„Verstehst du das nicht? Ich hab doch nichts gegen Fußball!“
Niemals wäre Sammer so gut geworden, wenn der so eine Mutter gehabt hätte, denkt Lena. Wenn er immer Mathe geübt hätte und nicht trainiert. Oder Thon. Oder Möller. Die haben trainiert wie verrückt und nun sind sie Weltklassespieler und können den Taschenrechner benutzen. Das sollte sich Mama mal überlegen.
„Lena?“, ruft Mama wieder. „Kann ich vielleicht mal eine Antwort kriegen?“
Lena schmeißt Bollermann auf den Boden. „Ich hab nichts gehört!“, ruft sie und schaltet ihr Radio an.

4.

„Wo bist du denn gestern gewesen?“, fragt Jonas am nächsten Morgen in der Pause. „Herr Köster hat schon gefragt!“
„Ich musste Mathe üben“, sagt Lena und klappt ihr Brötchen auf. Schon wieder Salami, die mag sie gar nicht. „Meine Mutter lässt mich nicht mehr.“
Jonas starrt sie an. „Lässt dich nicht mehr?“, fragt er.

„Was heißt das? Und bei unserem Freundschaftsspiel am Sonntag, lässt sie dich da?“
Lena guckt auf den Boden. Jetzt ist noch Arne dazugekommen, der spielt auch in der Mannschaft.
„Ich muss erst besser in Mathe werden“, murmelt Lena. „Vorher darf ich nicht mehr.“
„Wo du jetzt in den Sturm sollst?“, schreit Jonas. „Deine Mutter ist ja verrückt!“
„So sind die Weiber“, sagt Arne. „Das sagt mein Vater auch immer, auf Weiber ist kein Verlass. Kaum gibst du ihnen einen guten Job, schon werden sie schwanger und lassen dich sitzen. Auf Weiber ist kein Verlass.“
„Ich bin gar nicht schwanger!“, ruft Lena.
Arne zuckt die Achseln. „Ist doch egal“, sagt er. „Unzuverlässig ist unzuverlässig. Ich hab ja gleich gesagt, keine Weiber in unserer Mannschaft“, und er packt Jonas am Arm und sie rennen zusammen zum Klettergerüst.
Unzuverlässig ist unzuverlässig, denkt Lena und geht langsam zum Rutscheberg. Da sitzen Katrin und Ina und tauschen Schnullis. Jonas und Arne haben ganz genau Recht, auf mich ist kein Verlass. Ich lass die Mannschaft sitzen und wenn sie am Sonntag verlieren, ist alles meine Schuld.
„Nur wegen dem blöden Mathe!“, sagt Lena und tritt mit dem Fuß gegen den Berg. Jede Wette musste Sammer nie üben.

5.

In der letzten Stunde haben sie Weihnachtssterne gebastelt und auf dem Nachhauseweg erzählt Katrin wieder die ganze Zeit nur vom Töpfern. Katrin geht zum Töpfern ins Jugendzentrum und davon redet sie die ganze Woche.
„Dann komm doch mit mir!“, sagt Katrin. „Wenn du jetzt nicht mehr Fußball spielen darfst! Wir töpfern jetzt so schön weihnachtlich!“
Lena nickt. Vielleicht findet Mama Töpfern besser als Fußball. Vielleicht lässt sie sie zum Töpfern gehen.
„Eine Tasse hab ich auch schon gemacht!“, sagt Katrin und breitet die Arme weit aus. „So riesig, du, guck mal, so riesig! Und vier Aschenbecher“, und Katrin dreht sich um und geht rückwärts vor Lena her.
Lena nickt wieder. Vielleicht findet Mama Töpfern wirklich besser als Fußball. Vielleicht lässt sie sie zum Töpfern gehen.

6.

„Prima, Lena! Das geht doch ganz toll!“, ruft Mama. „Und sechs mal acht, was ist das?“ Lena denkt einen Augenblick nach. Fünf Aufgaben waren schon richtig. Wenn sie jetzt wieder die richtige Antwort gibt, müsste Mama doch zufrieden sein. Dann kann sie sie eigentlich zum Fußball lassen.
„Achtundvierzig?“, fragt Lena.
Mama lacht. „Prima, du, super!“, sagt sie zufrieden.

„Da sieht man doch mal, was so ein bisschen Üben schon ausmacht.“

„Ja, das macht viel aus“, sagt Lena vorsichtig. „Da kann ich doch wieder zum Fußball?“

Mama legt Lena die Hände auf die Schultern und guckt ihr ganz tief in die Augen. „Nun sei doch vernünftig, Lenakind!“, sagt sie. „Das wollen wir erst noch ein bisschen sicherer üben. Und ich finde es auch ganz wichtig, dass in deinem Leben nicht mehr alles nur um Fußball kreist.“ Dann gibt sie Lena einen Kuss auf den Kopf.

„Kreist es ja gar nicht“, sagt Lena und geht in ihr Zimmer.

7.

Lena setzt sich auf ihr Bett und nimmt Bollermann auf den Schoß.
„Die ganze Weihnachtsfreude macht sie mir kaputt, Bollermann!“, sagt Lena. „Wie soll ich mich da denn weihnachtlich fühlen, wenn die Mannschaft wegen mir verliert!“
Bollermann guckt sie an, wie er sie immer anguckt, und das bedeutet, dass er ihr Recht gibt.
„Es ist ein Notfall“, sagt Lena. „Da darf man mal schummeln. In Notfällen darf man.“
Die Zimmertür geht auf. „Redest du jetzt schon mit dir selber?“, fragt Mama und lacht.
Lena steht auf und lässt Bollermann neben sich aufs Bett plumpsen.
„Katrin hat mich gefragt, ob ich mit ihr zum Töpfern komme“, sagt sie. Und das ist nicht mal gelogen.

8.

„Du warst prima heute, Lena“, sagt Herr Köster, als sie nach dem Training in die Umkleideräume gehen. Alle Jungs gehen links und Lena geht ganz alleine rechts, das findet sie doof. Aber mit den Jungs umziehen mag sie sich auch nicht so gerne.

„Ein Glück, dass du wieder mitspielst. Ich hatte schon gedacht, wir müssten auf dich verzichten! Auf unseren fast besten Mann!“

„Fast beste Frau“, sagt Lena und kichert. „Nee, ich komm jetzt doch wieder. Das geht alles klar.“

„Na, dann bin ich ja beruhigt“, sagt Herr Köster. „Bis zum nächsten Mal, Lena.“

„Bis zum nächsten Mal“, sagt Lena. Da muss ihr für Mama auch noch eine Ausrede einfallen. Aber bis dahin ist ja noch Zeit.

9.

„Na, wie war's?“, fragt Mama, als Lena vor der Wohnungstür steht. Den Beutel mit den Fußballsachen hat sie hinter den Mülltonnen versteckt. Damit es nicht immer so schwierig ist, ihn an Mama vorbeizuschmuggeln.
„War gut“, sagt Lena und das ist ja wieder nicht gelogen. „Ich war ziemlich gut.“
„Schon gleich beim ersten Mal Töpfern?“, fragt Mama. „Da freu ich mich aber. Und was hast du gemacht?“
Lena holt einmal tief Luft, aber Mama unterbricht sie schon. „Und bringst du das gar nicht mit nach Hause?“, fragt sie. „Was du getöpfert hast? Ich würde das gerne mal sehen!“
Lena hängt ihre Jacke an die Kindergarderobe.

Zum Glück hat sie sich die Antwort schon im Voraus überlegt.
„Die Töpfersachen bleiben doch im Jugendzentrum!“, sagt sie. „Bis Weihnachten doch! Dann können wir sie mitnehmen. Damit die Töpferkinder schöne Geschenke haben.“
Mama nickt. „Das ist ja eine gute Idee“, sagt sie. „Da müssen wir uns in diesem Jahr mal gar keine Gedanken machen, was du für Oma und Opa bastelst. Und für Tante Gabi auch nicht“, und sie verschwindet in der Küche.
„Nee, müssen wir nicht“, sagt Lena nachdenklich. Auf ihrem Bett sitzt Bollermann und starrt sie immer so an. Bestimmt überlegt er sich auch gerade, wo Lena die ganzen Töpfersachen herkriegen soll. Und auch noch vor Weihnachten. Das sind schließlich nicht mal mehr drei Wochen.

10.

„Gestern war das wieder toll!“, sagt Katrin, als sie in der Pause mit Lena zum Rutscheberg geht. „Ich hab eine Vase getöpfert. Und weißt du, was wir am Sonntag machen?“ Sie guckt Lena an, aber Lena packt gerade ihr Brot zurück in die Brotdose. Schon wieder Salami. „Wir machen einen Weihnachtsbasar!“, ruft Katrin. „Im Jugendzentrum! Und das Geld spenden wir für Kinder in Afrika. Damit die nicht verhungern.“
„Mhm, das soll man ja tun“, sagt Lena düster. Die Kinder in Afrika interessieren sie im Augenblick nicht so besonders. Lena interessiert viel mehr, woher sie die ganzen getöpferten Weihnachtssachen kriegen soll. Für Oma und für Opa und für Tante Gabi auch noch. Damit Mama ihr glaubt, dass sie wirklich zum Töpfern geht. Und nicht mehr zum Fußball.
„Vier Aschenbecher brauch ich ja sowieso nicht!“, sagt Katrin. Sie hält Lena ihr Brötchen hin. „Wo bei uns doch gar keiner raucht! Da kann ich die prima verkaufen.“ Und sie setzt sich oben auf die Rutsche und rutscht mit wildem Tempo den ganzen Rutscheberg hinunter. Und Lena steht oben und starrt Katrin nach.

„Du meinst, ihr verkauft da getöpferte Sachen?“, schreit sie, als Katrin unten angekommen ist. „Bei eurem Basar?“ Dann rutscht sie hinterher. „Die vom Glasmalkurs verkaufen Glasmalerei“, sagt Katrin. „Aber wir verkaufen unsers, na klar.“
„Jippieh!“, schreit Lena. Und auf einmal fühlt sie sich so gut, dass sie nicht mal mehr Angst vor der Mathestunde hat.

11.

Drei oder vier Mark kosten die Sachen, hat Katrin gesagt. Auf dem Weihnachtsbasar. Ein Aschenbecher kostet vielleicht drei. Und eine Vase vielleicht vier, so ungefähr.
Lena hockt vor ihrem Schreibtisch auf dem Fußboden und zählt das Geld in ihrem Tresor. Ein Eine-Mark-Stück und ein Zwei-Mark-Stück und drei Fünfzig-Pfennig-Stücke. Aber das meiste sind Groschen.
„Sechs Mark siebenundneunzig", sagt Lena und tut das Geld wieder zurück. In der letzten Woche waren es noch über zwölf Mark, aber dann musste sie sich ein neues Sticker-Album kaufen und jetzt hat sie nicht mehr so viel. „Mama, Papa, Oma, Opa, Tante Gabi", sagt Lena und zählt mit den Fingern. „Und vielleicht noch Onkel Wernfried, macht sechs. Da brauch ich mindestens ..." Sie setzt sich hin und schreibt die Zahlen auf einen Zettel.
„... mindestens zwanzig Mark. Und haben tu ich sechs. Da fehlen mir mindestens ...", sie schreibt die Zahlen auf dem Zettel dazu, „... vierzehn Mark. Wenn ich noch vierzehn Mark habe, kann ich Geschenke für alle auf

dem Basar kaufen.“ Lena schiebt den Zettel unter ihre Schreibunterlage. Aber vierzehn Mark muss sie erst noch kriegen. Und sie hat keine Ahnung, wie.

12.

Mama und Papa sitzen schon am Tisch und reden, als Lena zum Abendbrot kommt. Sie stellt sich im Flur hinter die Tür.
„Und stell dir vor“, sagt Mama leise, „was ich vorhin unter Lenas Schreibunterlage gefunden habe! Einen ganzen Berg mit Rechenaufgaben, die ich ihr gar nicht gestellt habe! Jetzt übt sie sogar schon freiwillig! Es ist wirklich gut, dass sie mal eine Weile mit dem Fußball aufhört. Da hat sie wenigstens wieder Platz in ihrem Kopf für andere Sachen. Mit dem Rechnen geht es schon ganz gut.“
Lena setzt sich an den Tisch, als ob sie nichts gehört hätte. „Morgen ist wieder Töpfern“, sagt sie. Das ist nicht mal gelogen. Sie hat ja nie behauptet, dass sie selber dahin geht.

13.

„Und darum brauch ich vierzehn Mark“, sagt Lena, als sie sich auf dem Fußballplatz die Schuhe fester bindet. „Bloß hab ich keine Ahnung, wo ich die herkrieg! Das ist das Problem.“

„Vierzehn Mark?“, sagt Jonas. „Für den Basar? Ich hab selber nur zwei. Die kann ich dir leihen.“

„Leihen nützt nichts“, sagt Lena. „Ich brauch es geschenkt.“

Jonas schüttelt den Kopf. „Nee, dann nicht.“

Sie gehen langsam zusammen zur Aschenbahn. Da laufen die andern sich schon warm.

„Höchstens noch Flohmarkt“, sagt Jonas und bleibt neben Lena. Sonst flitzt er ihr beim Warmlaufen immer weg. „Da kannst du Kohle machen wie nichts.“
„Beim Flohmarkt?“, fragt Lena. Sie schnauft schon ein bisschen. „Und wie soll das gehen?“
„He, he, he, ihr zwei dahinten!“, ruft Herr Köster über den Platz. „Das ist hier kein Kaffeekränzchen, das ist hier Training! Wenn die Damen und Herren bitte mal mit der Unterhaltung aufhören könnten!“
„Ich erklär's dir nachher“, sagt Jonas. Dann legt er doch wieder einen Zwischenspurt ein und lässt Lena einfach allein.

14.

Samstag ist ein guter Tag, das hat sich Lena überlegt. Am Samstag gehen die Leute in der Vorweihnachtszeit alle einkaufen und wenn Lena sich da mit ihrem Flohmarkt vor das Kaufhaus setzt, hat sie die vierzehn Mark bestimmt schnell verdient.
Lena guckt in ihr Spielzeugregal. Mama sagt schon lange, dass sie da mal gründlich ausmisten müssen, und das will Lena jetzt tun. Der ganze Babykram kann weg, der Nachziehhund mit den Wackelohren, mit dem sie manchmal noch feine Dame spielt, und die Plüschsonne, die „Schlaf, Kindchen, schlaf" klimpert. Und das kleine Plastik-Xylophon und die Blechtrommel auch.
„Lena?", ruft Mama aus der Küche. „Bist du angezogen?"
Lena nickt. „Jaha!", ruft sie zurück.
Und dann noch der grässliche Lesekasten. Der ist sowieso noch wie neu. Mit dem hat Lena ja nie gespielt.
„Lena?", ruft Mama.
Lena stopft die Sachen in ihren Ranzen und läuft an der Küche vorbei. Ihre Jacke schnappt sie nur schnell vom Haken, dann macht sie die Wohnungstür auf.
„Ich muss noch mal weg!", ruft Lena und zieht die

Wohnungstür hinter sich zu, bevor Mama ihr nachkommen kann. Aber als sie unten auf der Straße ist, steht Mama oben am Küchenfenster und sieht ihr nach. Und sie sieht nicht mal unfreundlich aus.

15.

Vor dem Kaufhaus steht ein Weihnachtsmann im roten Mantel und mit einem Sack auf dem Rücken. „Na, meine Kleine?“, sagt er, als Lena neben der großen Eingangstür ihren Ranzen abnimmt. „Kennst du denn auch ein Weihnachtsgedicht?“
Lena starrt den Weihnachtsmann an. Früher hat sie denen immer Gedichte gesagt, auch als sie nicht mehr an den Weihnachtsmann glaubte. Weil die Weihnachtsmänner meistens Bonbons dabeihaben nämlich. Oder kleine Schokoriegel oder Jojos. Es kommt immer darauf an, vor welchem Geschäft sie stehen. „Nee, ich mach hier Flohmarkt“, sagt Lena und guckt, wo sie sich am besten hinsetzen kann. Es ist ein fürchterliches Gedränge, genau wie sie es sich vorgestellt hat. Lena muss aufpassen, dass die Leute ihr nicht auf die Sachen treten.
Der Weihnachtsmann geht auf eine Frau zu, die zwei winzige Kinder an der Hand hat.
„Na, kannst du denn auch ein Weihnachtsgedicht, mein Kleiner?“, sagt er und legt dem winzigen Jungen eine Hand auf den Kopf. Mit der anderen greift er schon in seinen Sack. Gleich will er dem Jungen was schenken.

Aber der winzige Junge will nichts geschenkt. „Mama!“, schreit er und jetzt fängt seine Schwester auch an zu schreien, und da packt die Frau alle beide noch fester und zieht sie an Lena vorbei ins Kaufhaus. Lena starrt ihr düster hinterher.

Wenn jetzt alle Kinder Angst vor dem Weihnachtsmann haben, bleibt bestimmt keiner stehen. Und wie soll Lena dann ihre Sachen verkaufen? Lena seufzt. Das kann ja kein Mensch glauben, dass man im Leben so viele Probleme haben kann. Und nur wegen einem blöden Fach wie Mathe.

16.

Leider hat Lena keine Uhr mitgenommen, darum weiß sie nicht, wie lange sie schon da sitzt. Aber bestimmt schon fürchterlich lange. Verkauft hat sie trotzdem kein Stück. Zu Weihnachten wollen die Leute alle nur neue Sachen kaufen.
Einmal hat der Weihnachtsmann Lena einen Schokoriegel gegeben, ganz ohne Gedicht. Aber trotzdem möchte Lena am liebsten weinen. Morgen ist der Basar im Jugendzentrum und sie hat noch keinen Pfennig verdient.
Lena zieht den kleinen Wackelhund an seiner Schnur ein

bisschen hin und her, dass er knattert. Aber niemand bleibt stehen.
Und dann bleibt doch jemand stehen. „Na, Lena?“, sagt eine Stimme. Eine Stimme, die Lena gut kennt. „Das ist ja eine Überraschung. Was tust du denn hier?“
Lena guckt an den Beinen nach oben. „Guten Tag, Frau Schneider“, sagt sie und sie merkt, wie ihr Gesicht ganz rot wird. Warum muss jetzt ausgerechnet ihre Mathelehrerin kommen? Die hat ihr schließlich alles eingebrockt! Bestimmt schickt sie Lena nach Hause und dann ist Frau Schneider auch noch schuld, wenn Lena keine Töpfersachen kaufen kann. Mathelehrer sind die schlimmsten.
„Wissen denn deine Eltern Bescheid?“, fragt Frau Schneider und hebt den Lesekasten hoch. „Haben die dir das erlaubt?“
Jetzt bummert Lenas Herz ganz wild. „Im Jugendzentrum ist morgen Basar“, flüstert Lena. „Und das Geld ist für hungrige Kinder in Afrika. Und dafür muss ich noch was verdienen!“ Lena merkt, wie ihre Stimme zittert, aber da unterbricht Frau Schneider sie auch schon.
„Und darum sitzt du jetzt hier in der Kälte und verkaufst deine Sachen?“, fragt sie verblüfft. „Damit du Geld für Afrika hast?“
Lena nickt. Eine Träne läuft langsam ihre Backe herunter.

Sie ist schlecht in Mathe und sie darf nicht mehr Fußball spielen und keiner will ihre Sachen kaufen. Und jetzt hat Frau Schneider sie auch noch erwischt.
„Du willst mit dem Geld gar nichts für dich kaufen?“, fragt Frau Schneider wieder. Sie sieht aus, als ob sie es nicht glauben kann.
Lena schüttelt den Kopf. Natürlich ist das Geld eigentlich für die Töpfersachen. Aber auch für die hungrigen Kinder. Wenn Lena sich Töpfersachen kauft und wenn das Geld dafür nach Afrika geht, dann ist Lenas Flohmarkt doch eigentlich für Afrika. Das ist überhaupt nicht gelogen.
„Aber da musst du doch nicht weinen, Lena!“, sagt

Frau Schneider. Jetzt hat sie Lenas Tränen gesehen.
„Das ist doch schön von dir! Und hat auch schon jemand was gekauft?“ Lena schüttelt den Kopf und wischt sich mit dem Mantelärmel über das Gesicht. Ein Taschentuch wäre nicht so kratzig.
„Na, das müssen wir ändern“, sagt Frau Schneider energisch. „Wo du so eine gute Tat tun willst! Zehn Mark für den Hund und das Lesespiel?“
Lena zieht die Nase auf. Zehn Mark, das sind schon fast vierzehn.
„Dann noch weiter viel Glück!“, sagt Frau Schneider. „Und erzähl mir am Montag mal, wie viel zusammengekommen ist!“
Manchmal sind Mathelehrer die schlimmsten, denkt Lena. Manchmal. Aber manchmal auch nicht.

17.

Und Frau Schneider hat ihr wirklich Glück gebracht. Über sechzehn Mark hat Lena verdient, das ist mehr, als sie braucht.

„Na, zum Essen bist du ja grade noch pünktlich", sagt Papa, als er die Tür aufmacht. Dabei guckt er auf Lenas Ranzen. „War's schön?"

„Ja, danke!", sagt Lena und flitzt an ihm vorbei in ihr Zimmer.

Sie reißt einen Zettel von ihrem Malblock. Viermal muss Lena rechnen, aber dann hat sie es raus. Dreiundzwanzig Mark einunddreißig, das ist ziemlich viel. Dafür kriegt sie bestimmt reichlich Aschenbecher. Auch noch für Onkel Wernfried mit.

In diesem Moment geht die Tür auf. „Lena?“, sagt Mama.

Lena schiebt den Zettel blitzschnell unter die Schreibunterlage. Aber Mama ist natürlich schneller.

„Was hast du denn da?“, fragt sie und legt ihre Hand fest auf Lenas Hand. Sie starrt auf den Zettel. Dann holt sie einmal tief Luft. „Lenamaus, ich freu mich ja so!“, sagt Mama und strubbelt Lena durch die Haare. „Dass du jetzt freiwillig so viel rechnest! Und wo du heute Morgen warst, das wissen wir natürlich auch.“

„Das wisst ihr auch?“, flüstert Lena. Bestimmt wird Mama gleich fürchterlich schimpfen. Weil Lena einfach Flohmarkt gemacht hat. Ohne Mama zu fragen. Da muss sie doch fürchterlich schimpfen.
„Natürlich weiß ich, wo du warst!“, ruft Mama. „Bei Katrin bist du gewesen! Rechnen üben! Na, hab ich es erraten?“
Lena merkt, wie ihr ganz heiß wird. „Bei Katrin war ich doch gar nicht!“, flüstert sie.
Aber das will Mama nicht hören. „Du brauchst doch nicht zu schwindeln!“, ruft sie fröhlich. „Da freuen wir uns doch! Als ich dich heute Morgen gesehen hab, wie du mit deinem Ranzen losgezogen bist, hab ich es gleich gewusst!“
„Ja, freust du dich, Mama?“, sagt Lena.
Aber jetzt kommt auch noch Papa ins Zimmer und der hat etwas in der Hand, das lässt Lena das Herz gleich wieder in die Hose rutschen. Ihr Turnbeutel ist das in Papas Hand! Und sie hatte gedacht, hinter den Mülltonnen wäre er sicher.
„Na, Lena?“, sagt Papa und lässt den Beutel an seinem Band kreiseln. „Hast du mir vielleicht was zu sagen?“
Lena guckt auf den Schreibtisch, wo immer noch der Zettel mit den Zahlen liegt. Jetzt hat er es also doch noch rausgekriegt.

Lena schüttelt den Kopf. Dann zuckt sie die Achseln.
Reden kann sie jetzt nicht.
Aber dafür redet Mama schon wieder. „Nun lass doch das Kind mal in Ruhe!“, sagt Mama. „Wo sie jetzt sogar am Wochenende zu ihrer Freundin geht um zu üben!

Und eben hat sie schon wieder gerechnet.“ Und Mama hält Papa den Rechenzettel hin.
Papa starrt auf den Zettel. „Tatsächlich“, sagt er verblüfft. „Das Kind verbringt seine Freizeit mit Rechnen.“
Dann hält er wieder den Turnbeutel hoch. „Und warum, verflixt, hast du dein Sportzeug versteckt?“
Lena guckt Mama Hilfe suchend an. Mama weiß doch immer die Antwort. Die schöne richtige falsche. Warum Lena mit ihrem Ranzen weggegangen ist und warum sie Rechenzettel unter der Schreibmatte versteckt. Vielleicht weiß Mama ja auch jetzt die Erklärung.
Und die weiß Mama tatsächlich. „Meine Güte, dass du das nicht verstehst!“, ruft sie. „Lena hat eben Angst

gehabt, dass wir ihr ihre Fußballsachen ganz wegnehmen! Wo wir ihr doch das Spielen verboten haben!“ Mama legt ihren Arm um Lenas Schultern und drückt sie ganz fest. „Aber es war trotzdem nicht richtig von dir, Lena, dass du den Beutel einfach versteckt hast. Im Regen wäre doch alles aufgeweicht!“

„Mhm, ja, ist gut“, sagt Lena und geht mit Mama und Papa zum Mittagessen. Langsam wird alles ein fürchterlicher Kuddelmuddel.

18.

Mit ihrem Turnbeutel kann sie ja nicht mehr aus dem Haus gehen, darum muss Lena ihre Fußballsachen in den Ranzen stecken, als sie am Sonntagmorgen zum Freundschaftsspiel geht. Wenn Mama und Papa jetzt wieder das Falsche denken, ist sie nicht daran schuld.

„Aber Lena, du brauchst doch nicht ...!“, ruft Mama, als Lena mit ihrem Ranzen an der Wohnzimmertür vorbeigeht. Und Papa sagt gleichzeitig: „Am Sonntag ist das nun wirklich nicht nötig!“

Aber da hat Lena schon die Wohnungstür hinter sich zugezogen und flitzt durchs Treppenhaus. Und wie gut, dass sie gegangen ist! Weil sie nämlich tatsächlich zwei Tore schießt und Jonas schießt keins. Da fühlt Lena sich so gut, dass sie den ganzen Kuddelmuddel zu Hause fast vergisst.

Und dann kommt auch noch der Fotograf von der Zeitungsbeilage, und als er Lena sieht, kriegt er ganz glückliche Augen.

„Dich stellen wir vorne hin!“, ruft er. „Und dann hältst du den Ball! Als Torschützenkönig!“

Und als Lena ihm erklärt, dass sie aber gar nicht der Mannschaftskapitän ist, ist ihm das egal. Ein Mädchen beim Fußball macht sich immer gut.
Da geht Lena ganz fröhlich nach Hause und erst im Treppenhaus fällt ihr wieder ein, dass sie Mama und Papa ja gar nichts erzählen darf. Nichts von den Toren, die sie geschossen hat, und nichts von den Fotos.
Das ist eigentlich ziemlich schade.

19.

Als Lena nach dem Mittagessen schon wieder mit dem Ranzen aus dem Haus will, wird Papa richtig böse. „Nein, Lena!“, sagt er, als er sie die Tür aufmachen hört. „Nein, jetzt ist es wirklich genug! Du denkst ja nur noch ans Rechnen!“
„Oh, bitte, Papa!“, sagt Lena verzweifelt. Sie muss doch jetzt zum Basar! „Noch dieses eine Mal, bitte, bitte!“
„Ach, Kind!“, sagt Papa und seufzt. „Wenn wir gewusst hätten, dass dieses Fußballverbot dich so unter Druck setzt ...“
„Nur noch dieses einzige Mal!“, flüstert Lena. Papa nickt. „Na, dann geh schon“, sagt er und hält ihr die Tür auf. „Aber über dieses Fußballverbot muss ich mit Mama reden.“

20.

Beim Weihnachtsbasar kauft Lena sechs Aschenbecher und eine Vase und ein komisches kleines Ding, von dem Katrin sagt, es ist ein Hase und nur so zum Hinstellen.
Und hinterher hat Lena sogar noch genug Geld, um sich einen Kakao zu kaufen und ein Stück Schokoladenkuchen mit Streuseln. Weil das Geld doch für einen guten Zweck ist, gibt sie alles ratz-fatz aus.
Zu Hause versteckt sie die Sachen im Bettkasten und am Abend sagen Mama und Papa, dass Lena nun doch wieder Fußball spielen darf. Kein Mensch kann immer rechnen.
Da gibt Lena beiden einen riesengroßen Kuss und dann schläft sie ganz wunderbar gut. Und als sie am Montag

eine Mathearbeit schreiben mit lauter schwierigen Zahlen, findet Lena die plötzlich ganz leicht. Das ist ihr ziemlich unheimlich. Aber dann schielt sie einmal kurz zu Katrin rüber und die hat überall das Gleiche raus. Erst als sie nach Hause kommt, wird es doch wieder schlimm. Aus dem Wohnzimmer hört Lena die Weihnachtsliederkassette und in der Küche zischt der Dampftopf. Und Mama macht ganz schmale Augen und sagt gar nicht: „Na, Lenamaus“, und auch nicht: „Hallo, mein Schatz.“ Sie winkt Lena nur einfach in ihr Kinderzimmer. Ohne ein einziges Wort.
Da stehen die getöpferten Sachen auf Lenas Schreibtisch, sechs Aschenbecher, eine Vase und ein komisches kleines Ding, das ein Hase nur so zum Hinstellen ist.

Und Lenas Bett ist ganz wunderbar gemacht und die Bettdecke ist im Bettkasten.
„Also?“, sagt Mama. „Kannst du mir das wohl erklären?“ Diesmal erklärt sie nicht selbst.
„Das sind getöpferte Sachen“, flüstert Lena. Aber sie weiß schon, dass es nicht gut gehen kann.
„Acht Sachen in nur zwei Töpferstunden?“, ruft Mama. „Willst du mich auf den Arm nehmen?“ Lena schüttelt den Kopf.
„Und was ist denn das, bitte sehr?“, ruft Mama wieder. Sie dreht einen Aschenbecher um. Auf der Unterseite klebt ein klitzekleines Preisschild, das haben die Töpferkinder mit Filzstift gemalt. „Ich lass mich doch hier nicht betrügen!“, ruft Mama und da fängt Lena an zu weinen, weil doch gerade alles so gut war und nun ist es wieder so schrecklich.
„Es war doch nur wegen dem Fußball“, sagt Lena, und weil Mama so fürchterlich böse ist, dauert es ziemlich lange, bis sie zusammen am Küchentisch sitzen und Mama sich die ganze Geschichte anhört.
Mama trinkt einen Kaffee und Lena trinkt einen Kirschsaft, und zwischendurch muss Mama noch manchmal schimpfen und Lena muss weinen. Aber dann ist alles fertig erzählt.
„Das will ich niemals wieder erleben!“, sagt Mama. „Dass du uns nach Strich und Faden betrügst!“

„Ich hab aber kein einziges Mal gelogen!“, sagt Lena und wischt sich mit dem Ärmel über die Nase.
„Jaja, ich weiß doch!“, sagt Mama. „Aber betrogen hast du uns trotzdem! Und das weißt du auch selber.“
Lena nickt. Natürlich hat sie geschummelt. Aber sie konnte ihre Mannschaft doch nicht einfach im Stich lassen.
„Und von *uns* war das nicht richtig mit dem Fußballverbot“, sagt Mama. „Das war *unser* Fehler, Papas und meiner.“ Das findet Lena auch. „Die sagen doch sonst wieder, Frauen sind immer schwanger“, sagt sie. Aber als Mama sie ganz verblüfft anguckt, hat Lena keine Lust, ihr das auch noch zu erklären.

21.

Vielleicht ist der Dienstag so ein schöner Tag, weil es kurz vor Weihnachten ist. Kurz vor Weihnachten muss es ja schön sein.

„Lena, da habe ich mich aber gefreut!“, sagt Frau Schneider, als sie Lena ihren Mathezettel zurückgibt. „Von dreißig Aufgaben nur zwei falsch. Du hast wohl ordentlich geübt?“ „Mhm, ziemlich ordentlich“, sagt Lena. Und dann sagt sie noch: „Und am Samstag hab ich noch ganz viel verdient! Das ist jetzt schon alles in Afrika.“

„Prima, Lena“, sagt Frau Schneider. „Die Berichtigung nicht vergessen.“

Aber die vergisst Lena bestimmt nicht. Nur zwei Aufgaben, das ist ja keine Mühe. Zu Hause reißt Mama

die Tür auf. „Lena, guck dir das mal an!“, sagt sie und nimmt die Zeitung vom Garderobenschränkchen. „Mein Kind ist in der Zeitung!“
Und tatsächlich, gleich vorne auf der ersten Seite ist ein Foto von Lena. Von einer schmutzigen Lena im Fußballzeug mit Ball im Arm und darunter steht in schräg gedruckten Buchstaben: „Diesmal war der König eine Königin. Die meisten Tore beim Freundschaftsspiel der E-Jugend am Sonntag schoss die neunjährige Lena.“
„Das schneid ich mir aus!“, ruft Lena und dann fällt ihr wieder die Mathearbeit ein. „Und für dich hab ich auch noch was, Mama!“
Mama starrt auf den Zettel. „Meine Güte, Lena!“, sagt sie. „Was hab ich für eine tolle Tochter! Schreibt gute Mathearbeiten und ist so gut im Fußball, dass sie in die Zeitung kommt!“
Lena guckt zu Mama hoch. „Nur dass sie manchmal ein kleines bisschen schummeln muss?“, sagt sie.
Mama drückt Lenas Schultern ganz fest. „Vielleicht ist das ja jetzt auch vorbei“, sagt sie. Und das will Lena doch hoffen.

Lena zeltet Samstagnacht

1.

Mathe hat bestimmt ein richtiger Verbrecher erfunden, denkt Lena böse und guckt auf ihr Arbeitsblatt.
„Wenn man zu 67 eine Zahl addiert, erhält man 84", steht da. „Wie heißt die Zahl?"
„Woher soll ich das denn wissen?", murmelt Lena. Sie kann sich nicht vorstellen, dass sie solchen Blödsinn im Leben irgendwann mal braucht. Obwohl sie einem das in der Schule ja immer erzählen.
Aber die Erwachsenen stellen sich doch wohl nicht hin und geben sich gegenseitig Rechenaufgaben auf! Lena hat noch nie gehört, wie einer zu Mama gesagt hat: „Guten Morgen! Wenn man zu 67 eine Zahl addiert,

erhält man 84. Wie heißt die Zahl?“ Dem würde Mama auch ganz schön was erzählen.
„Wenn man zu 67 …“, murmelt Lena. Das kann ja kein Mensch rauskriegen. Das ist ja völlig bescheuert.
Und morgen schreiben sie darüber eine Arbeit. Das Leben ist manchmal ziemlich gemein.
Da geht die Zimmertür auf.
„Lena?“, sagt Mama. „Hast du nicht gehört? Katrin für dich am Telefon!“
„Katrin?“, sagt Lena und flitzt auf den Flur. Katrin ist Lenas beste Freundin. Und Katrin findet Mathe gar nicht so schlimm.
„Katrin?“, ruft Lena in den Hörer. „Kannst du den Arbeitsbogen? Wenn man zu 67 eine Zahl addiert?“
„Das ist doch eierleicht!“, sagt Katrin am anderen Ende der Leitung ungeduldig. „Hast du Samstagnacht Zeit?“
„Hab ich Samstagnacht Zeit?“, fragt Lena verblüfft und vergisst alle 67en und 84en auf einen Schlag. „Samstagnacht? Da soll ich schlafen.“
„Ja eben, du, genau!“, brüllt Katrin. „Bei mir im Garten nämlich! In unserem Zelt nämlich! Das ist ja so geil!“
„In welchem Zelt denn?“, fragt Lena. Mathe hat sie jetzt wirklich vergessen. Mathe ist sowieso völlig überflüssig.
„Wir haben doch ein neues Zelt gekauft!“, ruft Katrin.

„Für den Urlaub doch! Und das dürfen wir Samstagnacht ausprobieren! In unserem Garten!“
Da begreift Lena, dass gerade etwas ganz Wunderbares passiert ist.
„Ich frag gleich mal Mama!“, schreit sie und knallt den Hörer auf die Gabel.

2.

In der Küche hockt Mama mit einer Tasse Kaffee und guckt in ein Kochbuch.
„Selleriecremesuppe ginge auch“, sagt Mama, als Lena die Küchentür aufreißt. „Glaubst du, ich soll am Wochenende Selleriecremesuppe machen, Lena?“
Aber Lena findet nicht, dass sie darauf antworten muss. Am Wochenende sind ganz andere Dinge wichtig.

„Darf ich am Samstag bei Katrin schlafen?“, fragt Lena. „Im Zelt?“
„Na hör mal!“, sagt Mama erstaunt. „Das kommt ja sehr plötzlich.“
„Bitte, bitte, bitte, sag ja!“, sagt Lena und zappelt von einem Fuß auf den anderen. Sie überlegt, ob sie Mama vielleicht besser noch knuddeln soll. Knuddeln hilft manchmal auch.
Aber leider ist Mama gemein.
„Das hängt von verschiedenen Sachen ab“, sagt sie und guckt Lena nachdenklich an. „Hast du eigentlich schon Mathe gemacht?“
Lena seufzt. Verschiedene Sachen sind bei Mama natürlich immer Mathe.

3.

„Sie erpresst mich“, sagt Lena, als sie am nächsten Morgen zum Aufstellplatz kommt. Da steht Katrin schon und putzt ihre Brille. „Meine Mutter erpresst mich schon wieder.“
„Tut meine auch immer“, sagt Katrin und setzt ihre Brille auf. „Und darfst du nun zelten, ja oder nein?“
„Wenn ich jeden Tag Mathe übe, darf ich“, sagt Lena düster. „Fünf Aufgaben! Dabei nützt das dann gar nichts mehr. Wenn doch die Arbeit längst geschrieben ist.“

„Ja, richtig blöde“, sagt Katrin und guckt ganz verständnisvoll. Aber dann winkt sie plötzlich zu Ina hin. Die kommt auch gerade. „Und, darfst du am Samstag?“
„Ich leih mir den Schlafsack von meiner Tante“, sagt Ina und rubbelt sich über die Nase. „Erst sollte ich nicht, wegen meinem Heuschnupfen.“

Lena zieht Katrin zur Seite. „Zeltet Ina etwa auch mit?“, fragt sie erschrocken. Schließlich ist sie doch Katrins beste Freundin. Da brauchen sie Ina nicht auch noch.
„Ja, logisch!“, sagt Katrin begeistert. „Ina bringt ihr Kaninchen mit, da hat es endlich mal richtig viel Rasen. Ist das nicht geil?“
„Ihr Kaninchen?“, sagt Lena.
Dann ist es mit Ina ja vielleicht doch nicht so blöde.

4.

Und das stimmt tatsächlich.
Den ganzen Vormittag schreiben sie sich in der Klasse kleine Briefe, Katrin und Ina und Lena. Darauf steht: „Nimmst du eine Iso-Matte mit? Bitte unterstreichen: ja-nein-vielleicht.“ Und: „Mein Jogginganzug ist zu klein. Kann ich auch im Schlafanzug?“
Natürlich muss Frau Schröder genau den Zettel abfangen, als Lena ihn gerade zu Katrin werfen will. Frau

Schröder hat gesagt, im Unterricht schreibt man keine Zettel, das ist verboten. Und wenn man es trotzdem tut, muss man eben auch damit leben können, dass sie alles laut vorliest. Das hat sie bei Lena schon mal getan.
„Mein Jogginganzug ist zu klein“, liest sie vor. „Sososo, ist er das, Lena? Kann ich auch im Schlafanzug?“
Da lacht natürlich die ganze Klasse, aber vielleicht stellen die sich ja auch Frau Schröder im Schlafanzug vor und gar nicht Lena, das kann man nicht wissen.

„Wofür brauchst du denn den Schlafanzug, Lena, wofür du sonst den Jogginganzug brauchen würdest? Zum Sport?“ Und sie knüllt den Zettel zusammen und wirft ihn in den Papierkorb.
Da fallen die Jungs fast von den Stühlen vor Lachen. Thomas brüllt, dass Lena doch Fußball spielt, und Maik brüllt: „Kickt ihr in der E-Mannschaft jetzt im Nachthemd?“
Und da hätte Lena ihm am liebsten eine gescheuert. Ihm und Frau Schröder gleich mit. Sie hat ja immer gewusst, dass alle Mathe-Menschen Verbrecher sind. Alle Jungs vielleicht auch. Ein Glück, dass beim Zelten keine Jungs dabei sind.

5.

„Kaufst du mir vielleicht doch noch einen Jogginganzug zum Zelten?“, fragt Lena, als sie für Mama ihre fünf Aufgaben fertig gerechnet hat. Die rechnet sie jetzt jeden Tag und eigentlich sind sie gar nicht so schwierig.
„Nee, kauf ich dir nicht!“, sagt Mama und schlägt das Mathebuch zu. „Es ist doch warm genug! Und ihr seid doch schließlich alle Mädchen!“
Lena weiß nicht so richtig, was das nun damit zu tun haben soll.
„Ja, Gott sei Dank“, sagt Lena.

6.

Am Samstag fährt Papa Lena mit dem Auto zu Katrin. Weil sie doch so viel zu transportieren hat: ihre rosa Iso-Matte mit dem Teddy drauf, die sie fast ein bisschen babyhaft findet, und ihren dicken Daunenschlafsack und ihren Bollermann mit dem einen Ohr, ohne den Lena ganz bestimmt nicht schlafen kann, und die Reisetasche

mit Lenas gelbem Lieblingsnachthemd und die Tasche mit dem Proviant. Der Proviant ist ein Glas saure Gurken und eine Tüte Gummi-Vampire und eine Packung Teddy-Kekse. Weil Katrin nämlich gesagt hat, im Zelt geht in der Nacht ganz unglaublich die Post ab.
Da feiern sie eine Wahnsinnsfete. Aber das muss Papa ja nicht unbedingt wissen.
„Süße Träume, meine Große“, sagt Papa und stellt Lenas Gepäck auf den Fußweg vor Katrins Gartentor. Mit in den Garten tragen soll er das nicht. Das findet Lena irgendwie auch babyhaft.
„Ja, und richte Mama herzliche Grüße von mir aus“, sagt Lena, weil man das doch sagt, wenn man sich verabschiedet.
Dann kann es endlich losgehen.

7.

Im Garten wartet Katrin schon und sie rennt immerzu um ein großes Zelt herum und zupft hier und zupft da. „Geil, oder, Lena?“, fragt Katrin und nimmt Lena ihre Reisetasche aus der Hand. „Wie findest du das?“
Lena nickt. Katrin hat gesagt, es ist ein Hauszelt, aber so groß wie ein Haus ist es nun auch wieder nicht. Für drei Mädchen reicht es bestimmt trotzdem. Es hat ein Schlafzelt und Fenster mit richtigem Fliegengitter davor, die kann man nachts zumachen. Und wenn man durch den Eingang geht, kommt man erst mal in einen Vorraum, da ist der Fußboden aus Gras und darin steht ein richtiger Campingtisch mit drei richtigen Campingstühlen und auf dem Tisch steht eine komische blaue Gaslampe, und es sieht alles so gemütlich aus, dass Lena es kaum aushalten kann.
„Oh, toll, du, Katrin!“, flüstert Lena.
„Du kannst deine Sachen ja erst mal ins Vorzelt packen“, sagt Katrin und da merkt Lena, wie in ihr drin ein Kribbeln losgeht. Genau das gleiche Kribbeln, wie sie es an ihrem Geburtstag morgens auch immer hat, bevor die Kinderzimmertür aufgeht und Mama und Papa

„Happy Birthday“ singen. Ein richtiges Glücklichkeitskribbeln ist das da in Lena und jetzt weiß sie auch, dass diese Nacht die allerbeste ihres Lebens wird, die allerbeste Nacht von allen.

Allerbeste Tage gibt es natürlich viele, Geburtstag und Weihnachten und Ostern und Urlaub und Nikolaustag. Aber allerbeste Nächte gibt es viel weniger. Höchstens noch Silvester.

„Das ist vielleicht ein tolles Zelt“, sagt Lena glücklich. Aber Katrin ist schon rausgelaufen.

Draußen kommt nämlich Ina mit ihrem Kaninchen.

8.

Und da können sie sich natürlich erst mal nicht mehr um das Zelt kümmern.
„Oh, ist der süß!“, sagt Katrin und will Ina gleich den Schuhkarton mit dem Kaninchen wegnehmen. „Oh, so ein süßer kleiner Hase!“
Ina sagt, dass das Kaninchen Rüdiger heißt nach einem berühmten Vampir, und dann streiten sie sich ein bisschen, wer Rüdiger auf den Arm nehmen darf.
„Ist der auch zahm?“, fragt Lena. Nicht dass das Kaninchen sie nachher noch beißt.
„Total zahm ist der“, sagt Ina und hält Rüdiger ein Blatt Löwenzahn hin und Rüdiger knabbert das weg wie nichts. Weil er nämlich überhaupt nicht verwöhnt ist,

sagt Ina. Bei ihr zu Hause läuft er ja auch immer nur im Kinderzimmer rum, weil sie gar keinen Garten haben, und darum muss man Rüdiger auch erst ganz langsam an die Freiheit gewöhnen.
„Ist ja logisch“, sagt Katrin.
„Aber glaubst du nicht, dass der dir nachts vielleicht ausbüxt?“, fragt Lena. „So einfach im Schuhkarton?“
„Nee, nachts schläft er doch“, sagt Ina. „Ich hab ja Luftlöcher in den Deckel geschnitten, da schläft der ganz prima. Aber vorher darf er noch ein bisschen spazieren gehen.“ Und sie setzt Rüdiger ganz vorsichtig ins Gras. Jetzt soll Rüdiger mal ganz vergnügt seine Freiheit genießen. Die drei Mädchen passen schon auf ihn auf.
„Ej, hallo, Katrin!“, ruft da plötzlich jemand hinter dem Zaun. Der Jemand hat eine Jungsstimme, und auch wenn sie ihn hinter den Büschen nicht sehen können, weiß Lena trotzdem sofort, dass es Thomas ist. Der wohnt nämlich neben Katrin und da kann Katrin einem doch eigentlich Leid tun. „Kann ich mal rüberkommen, Zelt angucken?“
„Der hat uns gerade noch gefehlt!“, sagt Lena böse. „Sag ihm, er soll abhauen!“
Aber da hat Thomas schon eine richtig gute Hockwende über den Gartenzaun gemacht und schlängelt sich durch die Büsche. „Will einer Blasenkaugummi haben?“
Und das wollen sie natürlich alle.

9.

„Geiles Zelt!“, sagt Thomas und klopft gegen die Zeltbahnen und rüttelt ein bisschen an den Stangen und kickt ein bisschen gegen die Heringe. „Fast so gut wie unsers.“
„Glaubst du ja selber nicht“, sagt Ina und dann sitzen sie alle ganz gemütlich im Vorzelt im Gras und füttern Rüdiger mit Löwenzahn, und Rüdiger bleibt auch ganz lieb hocken und mümmelt vor sich hin.
„Der ist echt blöde, was?“, sagt Thomas.
„Dass der nicht abhaut? Wo er das ganz leicht könnte?“
Aber da schreit Ina, dass Thomas ja wohl selber blöde ist und keine Ahnung von Kaninchen hat und dass Rüdiger kein bisschen blöde ist, nur wunderbar zahm und dressiert. Das findet Lena auch.
Und weil Thomas so was Gemeines über Rüdiger gesagt hat, wollen sie ihn auch gar nicht mehr dabeihaben.
„Du kannst gerne gehen!“, sagt Katrin.
„Ich kenn einen, der fehlt uns nicht, wenn er weg ist!“, sagt Ina.
„Manche Leute sieht man aber echt am liebsten von hinten!“, sagt Lena.

Da versteht Thomas endlich. Er zuckt die Schultern und steht auf. Sein Gesicht sieht aus, als ob es ihm ganz egal ist.
„Pech!“, sagt Thomas und macht wieder eine Hockwende über den Gartenzaun. „Weiber!“
„Den wären wir los!“, sagt Katrin und hält Rüdiger einen Keks hin.
Aber da hat sich Katrin getäuscht.

10.

Dann essen sie ganz gemütlich an ihrem richtigen Campingtisch auf ihren richtigen Campingstühlen im Vorzelt Abendbrot.
Katrins Vater hat gesagt, dass sie das doch gerne im Esszimmer machen können, aber kein Mensch wird wohl so dumm sein und im Esszimmer essen, wenn draußen ein Zelt auf ihn wartet. Das hat Katrins Vater auch verstanden und er hat ein bisschen geseufzt, und dann

hat er einen großen Teller mit belegten Broten ins Vorzelt gebracht.
„Bitte schön, ganz wie ihr wollt“, hat er gesagt. „Bin ich sonst noch irgendwie vonnöten?“
Aber das ist er nicht und darum sitzen jetzt Lena und Katrin und Ina ganz elegant am Tisch, und wenn sie sich den Brotteller zureichen, sagen sie höflich bitte und danke.
„Im Zelt fühl ich mich so vornehm irgendwie“, sagt Lena glücklich und reicht Ina ein Käsebrot mit Gurke. „Wie im echten Restaurant irgendwie.“
„Oder irgendwie in Italien“, sagt Ina und nimmt sich auch ein Stück. „Da hat meine Tante auch mal gezeltet und da …“
Aber was in Italien los war, kann Ina leider nicht mehr erzählen. Weil sie von draußen plötzlich laute Geräusche hören, nämlich Hammerschläge und Jungsstimmen, und da können sie natürlich nicht mehr so einfach im Zelt sitzen bleiben und essen. Sowieso merken sie gerade, dass sie eigentlich ziemlich satt sind.
Und dann sehen sie auch, was los ist. Drüben in Thomas’ Garten bauen Thomas, Maik und Oliver ein Zelt auf.
„Hilfe!“, schreit Katrin.
„Ich fass es nicht!“, schreit Ina.
„Alles müssen die einem nachmachen!“, sagt Lena.

Aber zum Glück haben die Jungs nur ein ganz altes Zelt. Zu dritt müssen sie da bestimmt drin liegen wie die Sardinen. Und ein Vorzelt hat es auch nicht und für einen Tisch ist schon gar kein Platz, nicht mal aufrecht stehen kann man darin.

„Ja, da staunt ihr, was!“, sagt Thomas zufrieden, als er die Mädchen am Zaun sieht.

Ina streckt ihm die Zunge raus.

„Wir haben wirklich was anderes zu tun“, sagt Katrin vornehm und dann gehen sie zurück zu ihrem Zelt und essen die letzten Brote. Leider ist nur noch Leberwurst übrig.

11.

„Alles müssen die einem nachmachen, echt", sagt Ina, als auch der letzte Saft aus der Plastikkanne getrunken und der letzte Krümel von den Plastiktellern gegessen ist.
„Was die für ein schrottiges Zelt haben", sagt Katrin.
„Da würde ich mich ja total schämen."
„Aber wirklich", sagt Lena und dann fällt ihnen wieder ein, dass sie sich ja im Zelt so vornehm und höflich

fühlen, und darum bringen sie das Geschirr auch gleich noch zurück in die Küche. Und auf dem Rückweg nehmen sie einen Wischlappen mit, damit wischen sie im Zelt die Krümel vom Tisch und die Stühle wischen sie auch noch ab. Lena guckt sich zufrieden um. „Ich hab es so gerne ordentlich“, sagt sie und sie ist ganz überrascht, weil sie das vorher eigentlich noch gar nicht gewusst hat. Aber jetzt stimmt es. Ein Zelt ist wirklich etwas ganz Erstaunliches.

12.

Draußen am Zaun lehnt jetzt Katrins große Schwester Anke und ungefähr fünf Meter weiter lehnt Markus, in den sie verliebt ist. Aber verliebt sehen die beiden eigentlich gar nicht aus. Sie machen eigentlich Gesichter, als ob sie sich ganz furchtbar langweilen. Sie reden und reden und nicht mal lachen tun sie dabei.
Katrin legt ihren Finger auf den Mund und winkt Lena und Ina zu sich hin.
„Was die bloß immer an den Jungs findet, ne?“, flüstert sie. „Ich kann ganz gut ohne leben.“
Das können Ina und Lena auch.
„Ej, Anke!“, brüllt Katrin. „Sollen wir schon mal ein weißes Hochzeitskleid für dich besorgen?“
Und dann kichern sie alle drei wie verrückt und rennen ganz schnell zurück ins Zelt, aber Anke rennt gar nicht hinter ihnen her, und als sie wieder nach draußen gucken, sind Anke und Markus verschwunden.
„Das wurde aber auch Zeit“, sagt Katrin zufrieden. „Ist ja peinlich, so was angucken zu müssen.“
„Aber wirklich!“, sagt Lena und dann beschließen sie,

dass sie sich jetzt ausziehen und in ihre Schlafsäcke kriechen wollen. So lang ist die Nacht schließlich nicht, dass man sie angezogen vergeuden könnte.

13.

Und ein Schlafsack ist sowieso das Wunderbarste.
„Ich glaub, ich schlaf jetzt immer im Schlafsack", sagt Lena, als sie ihre Anziehsachen ordentlich zusammengefaltet neben die Luftmatratze gelegt hat und in ihrem gelben Nachthemd mit den Kulleraugen-Elefanten in den Schlafsack gekrabbelt ist.
„Der macht mir so ein müdes Gefühl. Ich glaub, im Schlafsack schläft man besser. Nicht, Bollermann?"
Das glauben Katrin und Ina auch, aber bevor sie schlafen können, muss ja erst noch mal die Fete laufen, weil eine Nacht im Zelt sonst wirklich vergeudet wäre.
„Fressfete", sagt Katrin und holt eine Tüte Chips und ein dickes Stück Mettwurst aus ihrem Rucksack.
„Fressfeten sind die besten."
Und das finden Lena und Ina auch und darum essen sie jetzt auch erst mal ordentlich Katrins Chips und Lenas saure Gurken und die Wurst und die Vampire und die Teddy-Kekse, und zwischendurch denkt Lena manchmal, dass ihr vielleicht ein bisschen schlecht davon wird.
„Komisch, dass man noch so großen Hunger haben kann, gleich nach dem Abendbrot", sagt Ina und Katrin sagt,

dass das von der frischen Luft kommt, die durch die Fliegenfenster ins Zelt strömt.
„Frische Luft macht hungrig“, sagt Katrin, aber dann lässt sie einen riesenlauten Rülpser los, der bedeutet, dass nichts mehr in sie reinpasst, und Lena glaubt, dass sie gleich vor lauter Lachen sterben muss. Und weil sie im Zelt keiner hören kann und weil sie außerdem wissen wollen, wer es am lautesten schafft, machen sie noch schnell ein kleines Wettrülpsen. Natürlich gewinnt wieder Katrin.
„Jetzt hab ich so viel Luft aus mir rausgerülpst, dass oben wieder was reinpasst“, sagt Katrin und nimmt sich noch einen Gummi-Vampir.

Lena wäre froh, wenn sie auch so viel aus sich rausgerülpst hätte, aber ihr ist eigentlich nur immer noch übel. Und außerdem hat sie ganz schrecklichen Durst, das ist ja kein Wunder nach so viel Wurst und so vielen Keksen und so vielen sauren Gurken.
„Ich glaub, ich muss mal was trinken gehen", sagt Lena und Ina sagt, das muss sie auch, und da sagt Katrin, dann kommt sie auch mit. Darum schälen sie sich wieder aus ihren mummeligen Schlafsäcken und gehen in die Küche.

Draußen ist es noch ganz hell und eigentlich wie jeden Abend und Lena denkt, dass sie sich beeilen müssen, damit das schöne Zeltgefühl nicht verloren geht.
„Na, müsst ihr noch mal wohin?“, fragt Katrins Vater, der in der Küche das Geschirr abwäscht. Das ist doch wirklich keine Frage, die man stellen darf, und darum sagt Lena auch schnell, dass sie eigentlich alle nur noch kurz was trinken wollten.

Da schenkt ihnen Katrins Vater ordentlich ein und Katrin sagt, schade, dass sie auf der Fressfete keinen Fisch gegessen haben.
„Der könnte jetzt ordentlich schwimmen“, sagt Katrin und dann bedanken sie sich bei ihrem Vater und gehen zurück zum Zelt.

14.

Aber so weit kommen sie gar nicht erst. Draußen legt Katrin nämlich schon wieder den Finger auf den Mund. Dann zeigt sie über den Gartenzaun. Da steht das Zelt jetzt fertig aufgebaut und von den Jungs ist nichts mehr zu sehen.
„Wollen wir uns mal ranschleichen?“, fragt Katrin leise. „Und dann erschrecken wir sie?“
Und das wollen Lena und Ina natürlich, nur dass sie gar nicht schleichen müssen, so laut ist es da drüben. Aus dem Jungszelt kommt ziemlich laute Musik, die klingt wie „Take That“. Die Jungs haben einen Kassettenrecorder mitgenommen und jetzt könnte sogar eine Elefantenherde durch den Garten toben. „Take That“ wäre immer noch lauter.
Aber schleichen macht natürlich mehr Spaß und darum läuft Katrin jetzt auch auf Zehenspitzen zum Zaun und klettert auf die andere Seite, und als Lena ihr nachklettert, merkt sie plötzlich, warum man zum Zelten einen Jogginganzug braucht. Das gelbe Nachthemd mit den Kulleraugen-Elefanten ist wirklich ihr schönstes, aber zum Zäuneklettern ist es gar nicht so praktisch.

Im Jungszelt sind „Take That“ jetzt fertig und stattdessen hört Lena plötzlich Glockenläuten.
„East 17!“, flüstert Ina. „Ich sterbe!“
„Ich sterbe auch!“, flüstert Lena, obwohl sie eigentlich in Angelo von den Kellys verliebt ist. Aber wenn der nun mal nicht singt, sind „East 17“ auch ganz gut.
Leider können sie die Musik gar nicht richtig hören. Weil die Jungs immer mitsingen. „Lalala, wyrumpforum!“, singen sie da drinnen in ihrem Zelt und dabei rollen sie das R so gut, dass es wie richtiges Englisch klingt.
„Oh, lalala, wyrumpforum!“
„Ich lach mich tot!“, flüstert Katrin und dann reißt sie den Zelteingang auf und steckt den Kopf zu den Jungs herein.
„Oh, lalala!“, schreit Katrin. „Unsere neue Superband!

Ihr tretet wohl bald im Fernsehen auf, was? Thomas und die Schlafsacksänger!“

„Kann ich ein Autogramm haben?“, schreit Lena, aber dann zieht sie den Kopf ganz schnell wieder zurück, weil jetzt nämlich etwas angeflogen kommt, das sieht aus wie eine dreckige Socke und vielleicht riecht es sogar so. Außerdem haben die Jungs sich jetzt auch aus ihren Schlafsäcken gepellt und rennen hinter den Mädchen her.

„Ich erwisch euch noch!“, brüllt Thomas.

Da flitzen die Mädchen aus dem Gartentor, einmal ums Haus und durch Katrins Gartentor zurück in Katrins Garten.

„Singt mal schön weiter!“, schreit Lena über den Zaun.

„Krieg ich nun mein Autogramm?“

Aber die Jungs haben wohl doch keine Lust mehr, sich die Mädchen zu schnappen.

„Kannst du gerne haben!“, sagt Thomas. „Komm gerne noch mal her! Obwohl ich Weibern im Nachthemd sonst eigentlich keine Autogramme gebe.“
„Nee, angezogen müssen die Fans schon sein!“, schreit Maik. „Wieso hast du denn eigentlich dein Nachthemd an, Lena? Willst du Fußball spielen gehen?“
„Das machst du doch immer im Nachthemd!“, schreit Oliver. „Hast du uns in der Schule doch erzählt!“ Und dann lachen die Jungs, bis sie fast einen Schluckauf kriegen, und Lena ist plötzlich wütend auf Mama, die ihr fürs Zelten keinen Jogginganzug gekauft hat, wo ja jeder sehen kann, wie wichtig der ist.

„Spielt doch selber Fußball!“, schreit Lena, aber da steckt Katrins Vater seinen Kopf aus der Terrassentür und sagt, nanu, nun hätte er gedacht, die Campingfreunde schliefen längst, und da machen sie solchen Radau.
„Nein, sind die kleinen Bubis aber kindisch“, sagt Ina und kichert.
„Aber wirklich!“, sagt Lena.
„Lass doch die blöden Kerle reden“, sagt Katrin und zupft Lena am Ärmel. „Wir gehen jetzt ins Zelt und sabbeln noch.“
Und sabbeln will Lena auch gerne. Darum streckt sie den Jungs noch mal schnell die Zunge raus und dann verschwindet sie hinter Katrin im Zelt. Schließlich lässt sie sich doch nicht von drei blöden Bengels, die noch nicht mal in der E-Mannschaft spielen, das Zelten vermiesen.

15.

„Ich finde, die Jungs haben echt ein Rad ab“, sagt Katrin und zieht den Reißverschluss an ihrem Schlafsack zu. „Solche Sachen zu sagen. Mit dem Nachthemd und so.“
„Aber wirklich“, sagt Lena.
Dann ist es still. Eigentlich wollten sie jetzt natürlich richtig gut sabbeln, weil man das muss, wenn man zeltet. Sonst wäre die schöne Nacht ja vergeudet. Sonst könnte man ja genauso gut zu Hause in seinem Bett schlafen.
Aber wenn man richtig gut sabbeln will, fällt einem plötzlich gar nichts mehr ein.
„Ich kann ja eine Geschichte erzählen“, sagt Lena, und als die anderen sagen, o ja, das ist gemütlich, fängt Lena an.
Die Geschichte ist ein bisschen wie ihre Lieblingsserie im Fernsehen und ein bisschen wie Aschenputtel und Ponys kommen auch drin vor. Eigentlich ist es eine ziemlich gute Geschichte, findet Lena, nur dass sie immer so aufpassen muss, dass sich keine verlieben. Dann würden Katrin und Ina bestimmt nur lachen. Darum lässt sie lieber gar keine Jungs vorkommen.

„Und eines düsteren Tages“, sagt Lena und in ihrem Kopf kann sie sich den düsteren Tag richtig gut vorstellen und die ganze düstere Welt. Nur in ihrem Schlafsack ist es warm und gemütlich. „Als Arabella auf ihrer Lieblingsstute Sonnenschein zum Schloss galoppierte ...“
„Chchch-püüü!“, macht es im Schlafsack neben ihr.
„Pffff-t!“
„Katrin?“, ruft Lena erschrocken.
„Chchch-püüü!“, macht es neben ihr wieder. „Pffff-t!“

„Katrin, schläfst du?“, flüstert Lena. Aber das ist ja schon klar. Mitten in Lenas wunderbar spannender Geschichte ist Katrin einfach eingeschlafen.
„Ina?“, flüstert Lena, aber Ina gibt auch keine Antwort mehr. Nur im Schuhkarton raschelt es noch.
„Jetzt sind wir beiden als Einzige wach, Rüdiger“, sagt Lena leise. „Drück mal die Daumen, dass die Jungs uns jetzt nicht überfallen. So was machen die nämlich, gemein, wie die sind.“
Dann fällt ihr ein, dass Rüdiger gar keine Daumen hat. „Dann drück meinetwegen die Pfoten“, flüstert Lena und macht die Augen zu. Wenn Ina und Katrin schlafen, schläft sie eben auch.

16.

Aber das ist leider gar nicht so einfach. Draußen ist es immer noch hell und Katrin schnarcht und Rüdiger raschelt im Karton. Und außerdem kommt so ein wunderbarer Duft durch das Fliegenfenster, dass Lena weiß, irgendwo wird noch gegrillt.
„Fandest du die Geschichte eigentlich auch so langweilig, Rüdiger?", flüstert Lena. „Dass man einschlafen muss?"

Aber der gibt natürlich keine Antwort und da zieht Lena ganz, ganz leise den Reißverschluss auf und schleicht sich ganz, ganz leise zum Karton. Dann hebt sie den Deckel ab und nimmt Rüdiger auf den Arm.
„Na, kannst du im Zelt auch nicht schlafen?", flüstert

Lena und streicht dem Kaninchen ganz vorsichtig über den Rücken. Es hat so ein weiches Fell, dass man es gar nicht glauben kann, und seine Ohren fallen so niedlich zur Seite. „Vielleicht fährt Ina ja mal in Urlaub, Rüdiger!“, flüstert Lena. „Dann nehm ich dich in Pflege.“
Aber darüber kann sie sich leider überhaupt nicht mehr länger mit Rüdiger unterhalten. Weil von draußen jetzt nämlich plötzlich so ein komisches Geraschel zu hören ist und dann wird auch schon der Eingang aufgerissen.
„Oh, die kleinen Mädchen halten schon ihren Schönheitsschlaf!“, brüllt Thomas und springt ins Vorzelt. „Damit sie morgen keine hässlichen Augenringe haben!“
„Ich glaub, mein Schwein pfeift!“, schreit Oliver und zeigt auf Rüdiger. „Die haben hier ja Tiere! Ist das hier ein Bauernhof oder was?“
Aber da ist es schon kein Bauernhof mehr und schuld daran sind ganz allein die Jungs mit ihrem Gebrüll. Damit haben sie Rüdiger so doll erschreckt, dass er ganz wild zu zappeln anfängt, und Lena haben sie so erschreckt, dass sie ihn gar nicht mehr richtig festhalten kann. Sie hat überhaupt nicht gewusst, was für ein wildes und zappeliges Kaninchen Rüdiger sein kann.
„Rüdiger!“, schreit Lena. Aber jetzt ist Rüdiger plötzlich wirklich überhaupt nicht mehr zahm und gut dressiert. Jetzt prescht er plötzlich zwischen allen Kinderbeinen durch. Dann ist er schon draußen.

„Rüdiger!“, schreit Lena wieder. Aber Rüdiger kommt nicht zurück.
Und natürlich sind jetzt auch Katrin und Ina wieder wach geworden und Ina schreit, dass Lena ihr das Kaninchen wiedergeben soll, und Katrin schreit, dass die Jungs wohl völlig bescheuert sind ein Kaninchen so zu erschrecken. Und im Haus geht wieder die Terrassentür auf.
„Ist irgendwas nicht in Ordnung?“, fragt Katrins Vater.
Da fängt Lena an zu weinen.

17.

Katrins Vater ist sehr nett. Er sagt, dass sie dann jetzt eben alle zusammen suchen müssen. Es kann doch wohl nicht so schwierig sein, ein kleines Kaninchen zu finden, das sich im Garten versteckt hat!
Aber das hat er leider nur gedacht.
Lena sucht und Katrin und Ina suchen auch und sogar die Jungs suchen mit. Aber Rüdiger bleibt trotzdem verschwunden.
„Irgendwo muss er doch sein!“, sagt Katrin und guckt unter einen großen Rhododendron-Strauch. „Der kann sich doch nicht in Luft auflösen!“
Aber das kann Rüdiger offenbar doch. Er ist nicht unter dem Rhododendron und nicht unter der großen Fichte am Zaun und im Schuppen ist er auch nicht.
„Wenn er nun rausgelaufen ist!“, weint Ina. „Wenn er nun auf der Straße rumläuft! Da wird er bestimmt überfahren!“ Sie wischt sich mit ihrem Ärmel über das Gesicht, aber die Tränen fließen immer noch weiter.
„Da schnappt ihn vielleicht ein Hund!“
Thomas steht daneben und guckt ganz komisch.
„Ach nee, das glaub ich ehrlich nicht“, murmelt er und

Lena begreift, dass Thomas Ina trösten möchte, weil sie ihm so Leid tut, und vielleicht auch ein bisschen, weil er sich schämt. Schließlich haben die Jungs mit ihrem Gegröle Rüdiger doch verjagt.
Aber natürlich hätte Rüdiger nie wegrennen können, wenn Lena ihn nicht aus seinem Karton genommen hätte, das weiß Lena ja auch. Die Jungs sind schuld, dass Rüdiger verschwunden ist und von einem Auto überfahren und von einem Hund gefressen wird. Aber Lena ist noch viel mehr schuld. Und darum muss sie auch weinen und weinen und weinen, fast noch mehr als Ina, und wenn Thomas ihr den Arm um die Schulter legen will, schüttelt sie ihn ab
Wenn sie Rüdiger nicht wieder finden, kann Lena nie wieder fröhlich sein. Das kann man ja wohl nicht, wenn man schuld daran ist, dass ein kleines Kaninchen in seinen Tod hoppeln musste.
Lena heult laut auf. Am besten, sie wäre jetzt selber tot. Und die Jungs stehen neben ihr und lassen die Köpfe hängen und gucken auf den Boden. Bestimmt würden sie auch am liebsten weinen.
„Hast du Taschentücher dabei?“, fragt Thomas ganz lieb. „In deiner Reisetasche vielleicht?“
Und er kriecht durch den Eingang ins Zelt. Dann stößt er einen wilden Schrei aus.
„Ich hab ihn!“, brüllt Thomas. „Er ist zurück ins Zelt

gehoppelt! Er sitzt wieder in seinem Schuhkarton!“
Und dann ist Thomas auch schon draußen und hat den Schuhkarton auf dem Arm und Ina schluchzt noch einmal ganz laut und drückt Rüdiger gegen ihre Brust.
„Rüdiger!“, flüstert Ina. „Ach, Rüdiger, du Dummer!“
Und Lena merkt, dass sie jetzt erst richtig weinen muss, und das ist doch eigentlich verrückt. Aber jetzt ist es ein ganz anderes Weinen und das kann ruhig noch eine Weile dauern.
„Na, dann ist ja alles in Ordnung“, sagt Katrins Vater und seufzt. „Auf den Schreck bring ich euch erst mal was zu trinken.“

18.

Dann sitzen sie alle im Vorzelt und die Jungs sind auch da. Die schöne blaue Campinggaslampe ist angezündet und sie trinken Brause aus der Flasche und essen die letzten sauren Gurken und die letzten Vampire. Davon hat Lena schon mal gehört, dass man nach einem Schrecken ganz fürchterlich hungrig werden kann.
Ina hat Rüdiger auf dem Arm und streichelt ihm die ganze Zeit über den Kopf und Lena muss immer noch die Nase aufziehen vom vielen Weinen. Bestimmt sieht sie jetzt ganz grässlich aus. Aber das ist ihr eigentlich ziemlich egal.
Thomas hat seinen Kassettenrecorder geholt und da singt jetzt schon wieder „Take That". Aber ganz leise. Damit Rüdiger nicht wieder einen Schrecken kriegt.
„Na ja, so was kann passieren, wenn die Weiber versuchen im Nachthemd Fußball zu spielen", sagt Oliver und guckt ganz träumerisch vor sich hin.
„Klar, da verschrecken sie alle Kaninchen", sagt Thomas. „Sieht ja auch gruselig aus."
Lena guckt ihn an. „Wieso, ich hab doch gar nicht …", sagt sie.

Aber da fangen die Jungs an zu prusten und Katrin stürzt sich auf Oliver und kitzelt ihn durch und Ina schreit „Na warte!“ und stürzt sich auf Maik.
Lena putzt sich zum letzten Mal die Nase. Manchmal sind die Jungs irgendwie doch ganz nett.
Als Thomas und Oliver und Maik dann endlich in ihr Zelt zurückgekrochen sind und es im Garten langsam anfängt sommerdunkel zu werden, kriechen die Mädchen auch in ihre Schlafsäcke. Und als aus Katrins Schlafsack wieder so ein freundliches „Chchch-püüü!“-Geschnaufe kommt und bei Ina ist es ganz still, rollt sich Lena auf die Seite und denkt, dass es im Leben doch wirklich manchmal komisch ist. An einem einzigen Abend kann es ganz wunderbar sein und dann so fürchterlich, unglaublich schrecklich; und dann trotzdem wieder wunderbar.
In seinem Schuhkarton raschelt Rüdiger leise im Stroh.
„Ja, Rüdiger, so ist das Leben“, flüstert Lena. Dann ist sie schon eingeschlafen …

Lena möchte immer reiten

1.

„Also los, mach schon!“, sagt Katrin und tappt ungeduldig mit dem Fuß auf den Boden. Katrin übt mit Lena wieder Mathe, weil Lena das schwierig findet und Katrin findet es eierleicht.
„Für die Weihnachtsgeschenke seiner Kinder gibt Herr Schneider 257,40 DM aus. Das Müllauto für den kleinen Sohn kostet 59,90 DM.
Der Technikkasten für den großen Sohn kostet 129,50 DM. Wie viel kostet der Kran für den mittleren Sohn?“

Lena zuckt die Achseln. „Das ist doch total bescheuert!“, sagt sie böse. „Das Müllauto für den kleinen Sohn! Wer spielt denn schon mit Müllautos!“
„Lenk nicht ab!“, sagt Katrin und schiebt Lena das Buch hin. „Ich will heute schließlich auch noch was anderes machen! Wie viel kostet der Kran?“

2.

Lena kriegt es wirklich raus und das hätte sie niemals gedacht. Sogar die Aufgabe, wo Herr Jürgensen das Wohnzimmer streicht und man ausrechnen muss, wie viel die Farbe kostet, schafft sie, und Katrin sagt, puuh, jetzt können sie endlich was Vernünftiges machen.

Katrin lässt sich auf ihr Bett plumpsen. „Ich hab morgen übrigens zum ersten Mal Reiten", sagt sie. „Logisch gleich auf richtigen Pferden. Ponys sind ja für Babys."

Lena starrt sie an. „Richtiges Reiten?", fragt sie ungläubig. „Du hast doch gar kein Pferd!"

„In der Reitschule doch!“, sagt Katrin und tippt sich gegen die Stirn. „Meine Mutter fährt mich hin. Und später krieg ich sowieso vielleicht mal ein eigenes Pferd. Oder wenigstens eine Reitbeteiligung. Oder ein

Pflegepferd. Das wird man ja alles sehen“, und sie breitet die Arme aus und liegt so zufrieden auf ihrem Bett, dass Lena richtig merkt, wie sie allmählich böse wird.
„Ich reite vielleicht auch“, sagt sie darum. „Wenn ich Lust hab. Aber vielleicht hab ich sowieso auch keine Lust. Ich finde Reiten irgendwie kindisch“, und sie guckt Katrin herausfordernd an.
Katrin setzt sich auf. „Du bist ja nur neidisch“, sagt sie unfreundlich.
Da geht Lena nach Hause. Eine allerbeste Freundin dürfte solche Sachen eigentlich nicht sagen. Auch wenn klar ist, dass zu viel Mathe jedem Menschen die Stimmung verdirbt. Aber jedenfalls ist Katrin selber schuld, wenn sie an diesem Nachmittag nun keinen zum Spielen hat.

3.

Zu Hause kniet Mama auf dem Wohnzimmerfußboden und guckt sich eine Zeitungsanzeige an.
„Das ist wirklich unglaublich, du, Lena“, sagt Mama. „Findest du, ich soll das mal einfach bestellen? Wimperntusche für 3 DM! Und Gesichtscreme 4,50 DM! Und dazu gibt es sogar noch ein Schminktäschchen gratis!“
Lena lässt sich neben Mama auf den Fußboden plumpsen. „Weiß nicht“, sagt sie unfreundlich. Sie hat heute wirklich schon genug über Geld nachgedacht, vielen Dank.
„Aber für mich kannst du Nagellack bestellen“, sagt sie und wird gleich wieder ein bisschen besserer Laune. „Den pinken da. Solchen hat Katrin auch.“ Und sie tippt auf das Bild in der Zeitung, auf dem eine sehr hübsche junge Frau mit roten Lippen und einem Handtuch um die Brust Lena und Mama anlächelt.
„Ach, ich überleg es mir noch“, sagt Mama und seufzt. „Man lässt sich da so schnell überrumpeln. Habt ihr Mathe gemacht?“
Lena wedelt mit ihrem Heft durch die Luft.

„Längst alles fertig“, sagt sie. „Katrin darf reiten.“
„Reiten?“, fragt Mama träumerisch. „Das hab ich mir als Kind auch immer gewünscht. Aber natürlich war das für uns viel zu teuer!“
Lena guckt Mama erstaunt an. Dass Mama mal irgendwann Lust gehabt hat zu reiten, ist nun doch wirklich ziemlich überraschend.
Aber auch nützlich. Dann muss Mama doch verstehen, dass Lena auch reiten möchte!
„Mama?“, sagt Lena vorsichtig. „Mama, ich hab mir gedacht …“

„Zwei aus meiner Klasse sind auch reiten gegangen“, sagt Mama träumerisch. „Melli und Isa. Und ich weiß sogar noch, wie die Pferde hießen, du! Kannst du dir so was vorstellen?“
Da weiß Lena, dass jetzt der richtige Moment gekommen ist.
„Die kannst du mir ja sagen!“, sagt sie aufgeregt und springt auf. „Und dann nenn ich mein Pferd auch so!“
„Dein Pferd?“, sagt Mama verblüfft und jeder kann sehen, dass sie mit ihren Gedanken jetzt wieder hier ist und nicht mehr in einer vergangenen Zeit. „Schenkt dir jemand ein Pferd?“
Lena tritt von einem Fuß auf den anderen. „Ich hatte gedacht“, sagt sie schnell. „Wo ich doch nächste Woche Geburtstag hab …“
Mama starrt sie an, dann fängt sie an zu lachen. „Na,

weißt du, Lenakind, wirklich!“, sagt sie vergnügt. „Hast du überhaupt eine Vorstellung, was Pferde so kosten? Und wo sollte das denn überhaupt stehen? Kannst du mir das mal sagen?“
Aber darüber hat Lena zum Glück schon längst nachgedacht. „Auf dem Rasen zwischen den Garagen?“, sagt sie vorsichtig. „Da hat es doch dann jede Menge Gras.“
Mama gibt Lena einen kleinen Kuss oben auf den Kopf. „Der Rasen gehört uns doch gar nicht, Lenamaus“, sagt sie ganz lieb. „Und für ein Pferd reicht unser Geld sowieso nicht aus.“ Dann nimmt sie die Fernbedienung und schaltet den Fernseher ein.

4.

Natürlich gehört ihnen der Rasen nicht, das weiß Lena ja selber. Sie sitzt in ihrem Zimmer am Schreibtisch und guckt aus dem Fenster. Der Rasen zwischen den Hochhäusern gehört ja nie den Leuten, die in den Häusern wohnen. Aber ihr Pferd könnte doch trotzdem da stehen! Da würde es immer das Gras wegfressen und man brauchte keinen Rasenmäher mehr. Und Pferdeäpfel sind sogar noch wertvoller Dünger, das haben sie gerade in Sachkunde gelernt. Da müsste der Rasenbesitzer doch sogar noch dafür bezahlen, dass Lena ihr Pferd bei ihm abstellt!
Aber natürlich weiß Lena genau, dass nichts daraus wird. Pferde sind fürchterlich teuer. Sogar noch teurer als Mountainbikes, und ein Mountainbike kriegt Lena ja auch nicht.

Lena seufzt und schlägt das kleine gelbe Heft auf, das neulich in der Pferdezeitschrift als Extra drin war. Um jede Seite ist eine zarte Girlande aus kleinen grauen Pferden gemalt, die galoppieren rings um das Papier und sind so unerträglich schön, dass Lena bisher noch überhaupt nicht gewusst hat, was sie in das Heft schreiben soll. Weil es natürlich für normale Sachen viel zu schade ist.
Aber jetzt ist es ihr endlich eingefallen.
„Pferdenamensammelheft“ schreibt Lena auf das kleine weiße Feld auf der Titelseite. Und damit es richtig feierlich wird, schreibt sie das Wort sogar mit dem Stift mit der glänzenden Goldschrift, von dem Mama sagt, dass er teuflisch umweltschädlich ist; aber eine Ausnahme kann man ja mal machen.
Und die Schrift wird auch ganz wunderbar gleichmäßig. Es ist nur schade, dass kein i dabei ist. Sonst könnte Lena so einen niedlichen kleinen Kreis als Punkt darüber machen.
„Mama?“, ruft Lena und geht mit dem Heft zu Mama ins Wohnzimmer. „Wie hießen die beiden Pferde von Melli und Isa?“
Da hat sie dann doch schon wenigstens einen Anfang.

5.

„Reitstunden?“, sagt Papa beim Abendbrot erstaunt. Mama ist bei ihrem Englischkurs, da ist die Gelegenheit doch günstig. Deshalb hat Lena ihn auch gleich gefragt.
„Hast du überhaupt eine Vorstellung, was so was kostet?“
Lena zuckt die Achseln. So viel wie ein Pferd wird es schon nicht kosten. Und für die wichtigen Sachen im Leben muss man eben manchmal auch ein bisschen mehr bezahlen. Das haben sie gestern gerade in einem Film gesagt.
„Bestimmt so ungefähr hundert Mark im Monat“, sagt Papa und langt nach dem Brotkorb. „Und das haben wir einfach nicht, Lena. Du warst doch bisher auch ganz glücklich mit Fußball.“
Lena nickt und rollt mit dem Zeigefinger ein Brotkügelchen über den Tisch. Natürlich ist sie glücklich mit Fußball. Aber deshalb kann sie doch trotzdem auch noch glücklich mit Reiten sein.
„Man kann doch auch beides, Papa“, sagt Lena und guckt Papa ganz lieb an. Das hilft eigentlich immer. Aber diesmal schüttelt Papa den Kopf. „Hundert Mark im Monat sind zu viel“, sagt er entschieden. „Da gibt es

eine Menge Sachen, die wichtiger sind.“ Dann trägt er das schmutzige Geschirr zur Spüle und fängt an abzuwaschen.

6.

Am nächsten Morgen in der Mathestunde zeigt Lena Katrin und Ina ihr Heft.
„Pferdenamensammelheft?“, flüstert Ina. „Oh, toll!“
„Aber bisschen blöde, wenn du gar nicht reitest, oder?“, sagt Katrin. „Wo willst du denn dann die Pferdenamen alle herkriegen?“
Lena kneift die Lippen zusammen. Ihr fällt schon noch was ein, da ist sie ganz sicher.
„Ich hab ja sowieso längst auch so ein Heft!“, flüstert

Katrin. „Ich brauch das ja. Damit ich die Namen von all den Pferden im Reitstall nicht vergesse.“
„Katrin?“, sagt Frau Schröder und sieht ganz böse zu ihnen herüber. „Glaubst du, nur weil dir Mathe leicht fällt, darfst du im Unterricht schwatzen?“
Da guckt Katrin Lena böse an, als ob Lena etwas dafür kann, dass Frau Schröder Katrin erwischt hat.
Und dabei ist Katrin wirklich selber schuld.
Bestimmt hat sie geschwindelt. Ein Pferdenamensammelheft hat sie jede Wette nicht. Und wenn Lena Glück hat, kriegt Katrin auch nicht so ein schönes wie sie. Mit Pferdegirlanden um die Seiten gibt es die Hefte ja gar nicht zu kaufen.

7.

Da weiß Lena gar nicht genau, ob sie mit Katrin jetzt verkracht ist. Darum sammelt sie am Nachmittag ganz allein Pferdenamen in ihrem Heft. Katrin ist ja sowieso beim Reiten.
Und Mama kennt auch wirklich eine ganze Menge. Fury natürlich, das war früher mal ein Pferd im Fernsehen, von dem hat Lena schon gehört. Und Iltschi und Rih, das waren Pferde in den Indianerbüchern, die Mama als großes Mädchen gelesen hat, und Black Beauty, das schreibt sich leider kompliziert. Jeden Buchstaben im Heft schreibt Lena mit einer anderen Farbe, da sieht die erste Seite im Heft so schön aus, dass Lena gar nicht glauben kann, dass sie das selber geschrieben hat.

8.

„Ich hab jetzt auch ein Sammelheft!“, sagt Ina am nächsten Morgen am Aufstellplatz. „Aber nicht so schön wie deins.“ Und sie zeigt Lena ein ganz normales Schulheft, da hat sie vorne einen Pferdesticker draufgeklebt und die Schrift ist leider auch nicht in Gold.
Aber weil Ina so nett ist und gleich selber gesagt hat, dass ihr Heft nicht so schön ist wie Lenas, sagt Lena ganz schnell, dass sie Inas Heft aber doch auch toll findet. Vor allem den Sticker.
„Und wie viele Namen habt ihr schon?“, fragt Katrin, als sie hinter den beiden in die Klasse geht. „Ich hab schon zwölf. Die musste ich gestern nach dem Reiten noch alle aufschreiben. Dass ich sie bis nächste Woche

nicht vergesse. Ich war gestern ja reiten, das wisst ihr ja wohl.“
Da würde Lena am liebsten „Na und, du eingebildete Pute“ sagen, aber dann ist sie doch neugierig und guckt in Katrins Heft und da stehen wirklich lauter Namen, die klingen alle, wie richtige Pferdenamen klingen müssen:

Lady Susan und Lady Vanilla und Rasputin und Blacky und Schnopfi und Winnetou und Hot Dog und Prince of Darkness.
„Oh, toll, Katrin!“, sagt Ina voller Bewunderung. In Inas Heft stehen erst zwei Namen.
„Und die sind alle echt?“

„Logisch sind die echt“, sagt Katrin, und weil sie doch die Einzige ist, die Reitstunden hat, und weil sie darum heute auch besonders gute Laune hat, erlaubt sie Ina und Lena sogar, dass sie jede einen Namen aus ihrem Heft abschreiben dürfen.

„Aber wirklich nur einen!“, sagt Katrin streng. „Ich guck nach!“

Sie legt den beiden ihr Heft hin und dabei fällt es ihr ein. „Und wehe, ihr nehmt die guten!“, sagt sie energisch. „Ihr könnt Rasputin und Blacky. Die anderen geb ich nicht ab.“

Aber das kann Lena gut verstehen. Sie würde bestimmt auch keine Namen abgeben, wenn sie so gute hätte.

9.

Da ist ja auch schon klar, was sie am Nachmittag spielen, als Katrin und Ina zu Lena kommen. Nämlich Reiten, das finden alle am besten.
„Und ich bin die Reitlehrerin, ich weiß ja, wie das geht", sagt Katrin, als sie im Gebüsch zwischen den Rasenstücken nach guten Stöcken suchen. Die können die Pferde sein. Oder die Gerten. Wofür man sie gerade braucht. „Abteilung bilden! Hot Dog zuerst!"
„Ich will nicht Hot Dog heißen!", sagt Lena böse. Sie hat nicht gemault, dass Katrin die Reitlehrerin ist, aber sie wird wohl wenigstens noch bestimmen dürfen, wie sie heißt.
„Ich bin Iltschi, der schwarze Hengst!"
„Hatschi ist doch kein Pferdename!", schreit Katrin aufgeregt. „Du hast doch keine Ahnung!" Und sie tippt Lena mit ihrem Stock auf die Schulter. Katrins Stock ist ja kein Pferd. Katrins Stock ist eine Gerte.
„Wohl ist das ein Pferdename!", schreit Lena. „Iltschi! Hat meine Mutter gesagt!"
Katrin sagt, dass Lenas Mutter ja wohl keine Reitstunden hat, und wenn sie Reiten spielen wollen,

spielen sie auch richtig und basta. Da müssen auch die Pferdenamen richtig sein.
„Dann heiß ich vielleicht Hot Dog“, sagt Ina schnell und wirft Lena einen Blick zu. „Und Lena kann heißen, wie sie will.“
Da guckt Katrin einen Augenblick lang maulig und dann sagt sie, na gut, aber nur heute. Dann ruft sie: „Anfang hier!“ und: „Durch die ganze Bahn wechseln!“ Und da kriegt Lena so ein gutes Gefühl, als ob sie in einer richtigen Reithalle wäre, und sie trabt mit Ina um das Gebüsch herum und schräg über den Rasen und am Ende springen sie immer über den Fahrradständer.

„I-hi-hi-hi-hi!“, schreit Lena und das klingt fast wie bei einem echten Pferd. Ein Glück, dass sie sich mit Katrin nicht richtig verkracht hat. Dann wäre der Nachmittag längst nicht so schön geworden.

10.

Das bleibt er aber sowieso leider nicht mehr lange. Weil jetzt nämlich Mama aus dem Haus kommt mit zwei Körben in der Hand. Damit geht sie zum Glascontainer.
„Na, ihr drei Süßen?“, sagt Mama, als sie zurückkommt.
„Was spielt ihr denn da Schönes?“
Lena bleibt stehen. Irgendwie ist es immer grässlich, wenn Mama sich einmischt. Irgendwie macht das immer alles kaputt.

Aber Ina hat davon wohl gar keine Ahnung. „Wir spielen Pferd!“, sagt Ina und schnauft. Sie ist schon so viel gerannt, dass sie gar nicht mehr richtig reden kann. „Katrin bringt uns das bei!“
Da kriegen Mamas Augen dieses gefährliche Glitzern, das Lena ganz genau kennt, und Mama setzt ihre beiden Körbe auf dem Boden ab. „Das muss ich doch direkt mal probieren!“, sagt sie vergnügt. „Immer über den Fahrradständer? Und dabei wiehern?“ Und dann ist sie auch schon losgerannt mit so peinlichen kleinen Pferdeschritten und dabei schnalzt sie immer so albern mit der Zunge, als wenn Hufe klopfen, und als sie über den Fahrradständer springt, wiehert Mama sogar.

„I-hi-hi-hi-hi!“, schreit Mama. „Geschafft! Und das in meinem Alter!“
Da möchte Lena am liebsten sterben, so doll schämt sie sich.
„Mama!“, sagt sie böse. „Hör mal auf! Das ist doch peinlich!“
Aber Mama hat schon zur zweiten Runde angesetzt.
„Wieso denn peinlich?“, schnauft sie. Dann schnalzt sie wieder mit der Zunge. „Findest du das nicht toll? Dass deine alte Mutter so was kann?“
Aber Lena findet es kein bisschen toll. Wenn sie könnte, würde Lena im Erdboden versinken. Keine andere Mutter macht solche peinlichen Sachen. Nur ausgerechnet immer gerade ihre.

11.

Beim Abendbrot versucht Lena, Mama zu erklären, warum Mütter keine Pferde sein dürfen. Aber Mama versteht natürlich wieder mal gar nichts.
„Und wieso soll ich das nicht?“, fragt Mama. „Die Ina sah doch ganz vergnügt aus.“
„Die lachen dich doch dann aus!“, sagt Lena verzweifelt. „Wenn du das noch mal machst, spiel ich nie wieder Pferd!“
Mama wirft sich ein Stück Süßstoff in den Tee. „Na, daran will ich natürlich nicht schuld sein“, sagt sie und rührt um.
Da kommt Papa aus dem Wohnzimmer mit Lenas Stock in der Hand.
„Und was soll das da bedeuten?“, fragt er ärgerlich. „Im Wohnzimmer? Kann mir das einer erklären?“ Und er legt Lenas Pferdestock über sein rechtes Knie und bricht ihn mit einem Knacks in der Mitte durch. Dabei war es so fürchterlich schwer, im Gebüsch einen guten Stock zu finden!
„Das war doch mein Pferd!“, schreit Lena wütend. „Jetzt hast du mein Pferd kaputtgemacht!“

Papa zieht seinen Stuhl an den Küchentisch und greift nach dem Brotkorb.
„Pferde haben in unserem Wohnzimmer sowieso nichts zu suchen“, sagt er. „Du meine Güte, Lena, wann wirst du endlich erwachsen?“

12.

Und das wird Lena schließlich in der nächsten Woche. Jedenfalls fast. Mit jedem Geburtstag wird man ja ein kleines bisschen erwachsener.
Bis dahin spielen sie jeden Nachmittag Pferd, nur als Lena Training hat, nicht. Und in den Pausen machen sie das auch immer, Lena und Katrin und Ina, und nachher wollen sogar Zikriye und Svenja und Filiz mitmachen. Die dürfen aber nur Fohlen sein.
Natürlich tippen die Jungs sich gegen die Stirn und sagen, dass die Weiber natürlich mal wieder typisch spinnen.
„Solange sie das beim Fußball nicht macht!“, schreit Jonas und zeigt auf Lena.
„Nachher wiehert sie im Strafraum!“
„Ich erschieß mich!“, ruft Arne. „Stell dir vor, die galoppiert da über den Acker …“
„I-hi-hi-hi-hi!“, brüllt Jonas. „Die braune Stute jetzt im Mittelfeld! Mit dem rechten Vorderhuf kickt sie den Ball …“
Da muss Lena ihnen doch einen Vogel zeigen. „Ihr habt ja keine Ahnung vom Reiten!“, sagt sie hoheitsvoll und

springt über das Springseil, das Katrin zwischen dem Papierkorb und der Pausenbank gespannt hat.
„Wehe, du kommst zum nächsten Spiel mit Zaumzeug um!“, brüllt Jonas. „Dann ist der Titel ja gleich verloren!“
„Oder glaubst du, es ist erlaubt, dass man Pferde aufstellt?“, sagt Arne und er klingt ganz ernsthaft dabei. „Vielleicht im Sturm? Oder wenigstens im Tor?“ Dann rennen die beiden zu den anderen Jungs in die Ecke und spielen mit ihnen Fußball.
„Dass du dich mit denen immer noch rumärgerst, nee!“, sagt Katrin und tippt Lena mit ihrer Gerte an. Natürlich ist Katrin auch in den Pausen die Reitlehrerin.
Aber beim Fußball ärgert sich Lena mit den Jungs eigentlich gar nicht rum. Beim Fußball sind sie eigentlich immer nett. Das kann Katrin natürlich nicht wissen.

13.

Und dann ist endlich Lenas Geburtstag. Ein ganz winziges bisschen hofft Lena immer noch, dass sie vielleicht doch ein Pferd kriegt. Oder wenigstens Reitstunden. Hoffen darf man ja wohl.

Aber eigentlich weiß sie natürlich die ganze Zeit, dass daraus nichts werden kann. So viel Geld wie Katrins Eltern haben Mama und Papa eben nicht.

„Guten Morgen, Geburtstagskind!", flüstert Mama und küsst Lena mit einem Geburtstagskuss wach. Am Geburtstag muss man so tun, als ob man noch schläft, und sich wachküssen lassen, auch wenn man sich schon stundenlang vor Aufregung gewälzt hat. „Papa ist schon zur Frühschicht. Aber ich hab für uns beide Geburtstagsfrühstück gemacht."

Da hüpft Lena aus ihrem Bett und saust ins Wohnzimmer, wo der Geburtstagstisch gedeckt ist, und da wird es plötzlich ein ganz wunderbarer Geburtstag, auch ohne Pferd und Reitstunden, einfach nur, weil Mama so gut nachgedacht hat.

„Ist der Nagellack richtig?", fragt Mama. Der Nagellack steht ganz vorne auf dem Tisch, noch vor dem Kranz

mit den Geburtstagskerzen. Aber es ist das Geschenk dahinter, das Lena immerzu anstarren muss, und das weiß Mama bestimmt.
„Ein Putzkasten!“, schreit Lena und kriegt fast einen Herzschlag vor lauter Glück. „Ein richtiger Putzkasten für Pferde!“

„Ist er richtig?“, fragt Mama und jetzt sieht sie auch ganz glücklich aus. „Ist die Farbe in Ordnung? Wir dachten, wo du nun schon kein Pferd und keine Reitstunden haben kannst ...“
Aber Lena kann überhaupt gar nicht zuhören. Einen Putzkasten hat noch nicht mal Katrin, und Lena hätte

nie gedacht, dass Mama und Papa ihr so was Wunderbares schenken, wenn sie doch gar keine Reitstunden hat. „Oh, danke, Mama, danke!“, sagt Lena.
Und im Putzkasten sind auch wirklich all die Sachen, von denen Katrin immer spricht, wenn sie Reiten spielen: ein Striegel und eine Kardätsche und eine Wurzelbürste und ein Hufauskratzer mit einem Hufeisen

dran und ein Mähnenkamm, der hat einen Pferdekopf am Griff. Und dazwischen liegt eine Tüte mit Katzenpfötchen, das sollen die Leckerlis sein. Weil Lenas Pferde die doch bestimmt lieber mögen als die echten Pferdeleckerlis, sagt Mama.
„Oh, danke, Mama, der ist ja so toll!“, flüstert Lena.
Von dem schönen Geburtstagskuchen kann sie vor der Schule gar nichts essen. Dazu fühlt sich ihr Bauch viel zu aufgeregt an. Viel zu aufgeregt und zu glücklich.

14.

„Vergiss nicht, dass um halb fünf Fußballtraining ist!", sagt Mama am nächsten Nachmittag, als Lena nach den Hausaufgaben ihren Putzkasten schnappt und zur Wohnungstür geht. „Ich muss nachher weg. Nimm den Schlüssel mit."

Da hängt sich Lena den Schlüssel um den Hals und rast die Treppe nach unten.

Heute spielen sie bei Katrin im Garten, das ist so abgemacht. Da gibt es mehr Sachen zum Springen und man kann um das ganze Haus laufen und das Springseil zwischen zwei Bäumen verknoten. Das ist dann fast eine ganz echte Hürde.

„Oh, Lena, der ist vielleicht geil!", sagt Ina und lässt sich vor Lenas Putzkasten auf die Knie fallen. „Oh, guck mal, Katrin, sogar alles drin!"

Aber Katrin bleibt, wo sie ist.

„Na und, krieg ich ja auch", sagt Katrin böse. „Und wozu Lena einen Putzkasten braucht, wenn sie gar nicht reiten geht, kann sie nicht verstehen, sagt meine Mutter."

Da überlegt Lena schon, ob sie eingeschnappt sein soll, aber dann holt sie doch die Tüte mit den Leckerlis

heraus und bietet Ina und Katrin davon an. Und Katrin vergisst, dass sie neidisch ist, und erlaubt Lena sogar, dass sie heute auch mal Reitlehrerin sein darf. Weil ihr doch die wichtigen Putzsachen gehören.
„Und Ina darf auch mal“, sagt Lena, weil es sonst ungerecht wäre. „Mal kurz.“
Und sie spielen und spielen, und mit dem Putzkasten macht es noch viel, viel mehr Spaß als sonst.
„Wir können ja mal Striegeln spielen“, sagt Katrin, als sie vom Rennen alle schon ganz erschöpft sind. „Und Hufe auskratzen. Du kannst auch Iltschi heißen, Lena.“
Da stellen sich Lena und Ina an die Hauswand und heben die Hufe und Katrin kommt mit dem Hufauskratzer und pult an den Schuhsohlen rum.

„Halt doch den Huf mal still!“, schreit Katrin, als Lena ihren Fuß immerzu hin- und herdreht. „Das tun die richtigen Pferde auch!“

Aber die Hufe still halten kann Lena nicht, auf gar keinen Fall. Weil sie so große Füße hat nämlich, Schuhgröße 39, da hat Katrin schon mal gelacht. Und wenn Katrin ihr jetzt die Hufe auskratzt, sieht sie das wieder und dann sagt sie vielleicht was Gemeines. Abends im Bett nimmt Lena ihre Füße sogar manchmal in die Hand, wenn sie daran denkt, und quetscht sie ganz fest und biegt die Zehen krumm. Vielleicht werden sie davon ja kleiner. Oder vielleicht wachsen sie wenigstens nicht mehr.

Aber beim Spielen kann sie die Zehen nicht einfach wegknicken und darum muss Lena jetzt mit ihren Füßen zappeln, damit Katrin sie bloß nicht so genau angucken kann.

„Nun halt doch mal still!“, schreit Katrin wütend. „Du bist ja überhaupt kein richtiges Pferd!“

„Bin ich wohl!“, schreit Lena und rüttelt ihr Bein aus Katrins Hand. „Du willst ja immer nur bestimmen!“

Und bei der ganzen Zappelei hat sie Katrin aus Versehen auch noch getreten und Katrin schreit, dass Lena nun aber mal aus ihrem Garten abhauen kann, wenn sie so blöde ist.

„Du kannst ja noch nicht mal ein Fohlen sein!“, schreit Katrin. „Du bist ja für alles zu bescheuert!“

Da nimmt Lena ihr ganz schnell den Hufauskratzer weg und tut ihn zurück in ihren Putzkasten. Sollen die

doch mal sehen, wie sie ohne Lena Pferde spielen können. Das werden die schon noch merken.
Und Lena geht aus Katrins Garten, ganz langsam, weil sie immer noch denkt, dass Katrin sie vielleicht doch noch zurückruft oder wenigstens Ina. Aber hinter ihr bleibt alles still.
Da geht Lena nach Hause.

15.

„Na, wie war's heute beim Training?", fragt Mama, als sie mit einer Tüte nach Hause kommt. Sie hat Brötchen gekauft, die gibt es bestimmt zum Abendbrot.
„Ach, na ja", sagt Lena erschrocken. So ein alter, bescheuerter Mist. Mit Katrin hat sie sich verkracht und jetzt hat sie sogar noch das Training vergessen.

16.

Als Lena am nächsten Morgen zum Aufstellplatz kommt, tut Katrin, als ob sie Lena gar nicht sieht. Katrin hat natürlich wieder ihre Stockgerte dabei und bestimmt spielt sie in der Pause mit Ina und Filiz und Svenja wieder Pferd.
Nur natürlich nicht mit Lena.
„Na, Lena, wir dachten schon, du bist tot“, sagt Jonas. Er kommt immer fast als Letzter zur Schule. „Du warst ja gestern gar nicht beim Training!“
„Die war wahrscheinlich wieder ein Pferd!“, sagt Arne und tippt sich gegen die Stirn. „Hoffentlich hast du wenigstens ein Turnier gewonnen! Weil du den Pokal nämlich leider nicht mehr gewinnen wirst.“
„Nee, wirst du leider nicht“, sagt Jonas und guckt Lena so an, dass sie gar nicht mehr versteht, warum sie ihn sonst so gerne mag. „Weil du für Sonntag nicht aufgestellt bist nämlich. Wer unentschuldigt beim Training fehlt, wird auch nicht aufgestellt, so sind die Regeln im Verein, das weißt du wohl.“
Lena starrt Jonas an. Natürlich, das hätte sie sich ja denken können. Wer unzuverlässig ist, wird nicht

aufgestellt. Fußball ist ein Mannschaftssport, da muss sich jeder auf jeden verlassen können. Einer für alle und alle für einen und elf Freunde müsst ihr sein.
Und das ist bei Lena bisher auch immer so gewesen.
Nur wegen diesen blöden Pferden ist jetzt alles kaputt.
Lena merkt, wie ihre Unterlippe anfängt zu zittern. Jetzt ist sie mit Katrin verkracht und sie spielt am Sonntag nicht mit im Endspiel. Da kann man ja fast wetten, dass sie heute auch noch eine Mathearbeit schreiben.

17.

Am Nachmittag liegt Lena in ihrem Zimmer auf dem Bett und findet das Leben gemein. Sogar ihren Bollermann hat sie auf den Boden geschmissen, das ist ihr riesengroßer Stoffhund mit dem einen Ohr, der sie sonst immer tröstet, wenn sie traurig ist. Aber heute kann ihr nicht mal Bollermann helfen.

Mit ihren Freundinnen ist sie verkracht und im Endspiel spielt sie auch nicht mit. Eine Mathearbeit haben sie nicht geschrieben, aber dafür schreiben sie morgen eine. Und wo Lena nun nicht mehr mit Katrin redet, hat sie noch nicht mal jemanden zum Üben. Da kann die Arbeit ja nur furchtbar werden.

Da klingelt es an der Wohnungstür. Lena steckt ihren Kopf unter die Bettdecke. Wenn das Leben so fürchterlich ist, könnte ihr nur noch ein Fernseher helfen. Aber ein eigener. In ihrem Zimmer.

„Lena?“, sagt Mama und macht die Zimmertür auf.

Unter der Bettdecke hört Lena ihre Stimme ganz dumpf.

„Lena, Besuch für dich!“

Lena zieht sich die Decke noch fester.

„Hab keine Lust!“, murmelt sie. Vielleicht hat Mama das

gar nicht gehört. Aber Lena will jetzt wirklich keinen sehen. Jetzt will Lena mal in Ruhe schlechte Laune haben.
„Lena!“, sagt Mama. „Da draußen sind drei Herren! Die willst du doch nicht warten lassen!“
Lena schlägt die Decke zurück. „Männer?“, sagt sie verblüfft. Sie hat keine Ahnung, welche Männer sie besuchen könnten.
Und darum geht sie auch nachgucken und da stehen Jonas und Arne und Martin im Flur, das ist der Neue in Lenas Fußballmannschaft, bei dem sie immer so ein komisches Gefühl im Bauch kriegt, wenn sie ihn sieht. Da will Lena lieber gar nicht drüber nachdenken.

„Oh, hallo!“, sagt Lena und guckt Mama wütend an. Drei Herren! Da hätte Mama lieber gleich die Wahrheit sagen können. Dann wäre Lena unter ihrer Bettdecke geblieben. Jonas hält sich an der Garderobe fest und tritt immer so von einem Fuß auf den anderen.
„Hei“, sagt er. „Hei, Lena.“
„Hei“, sagt Lena auch. Irgendwas ist komisch, aber sie hat keine Ahnung, was es ist.
„Also, wir wollten, Lena, wir wollten“, sagt Arne. Dann stößt er Jonas an. „Sag du!“ Jonas guckt auf den Boden.
„Wegen heute Morgen“, sagt Jonas. „In der Schule. Das war Scheiß.“
„Du bist doch aufgestellt für Sonntag“, sagt Arne schnell. „Wir wollten dich nur sauer machen, deshalb.“
„Beim Training hat Martin nämlich gesagt ...“, sagt Jonas.
„Dass du ganz plötzlich zum Kieferorthopäden musstest!“, sagt Martin. „Weil du dich aus Versehen auf deine Zahnspange gesetzt hast! Das hat der Trainer geglaubt.“
Lena starrt Martin an. Natürlich kriegt sie gleich wieder dieses Gefühl. „Aber ich hab doch gar keine Zahnspange!“, sagt sie. Sie merkt, wie sie langsam ganz rot wird. Sie hat wirklich Glück gehabt, dass Martin in ihre Mannschaft gekommen ist.
„Ach, ist doch egal!“, sagt Martin. „Jedenfalls spielst du jetzt Sonntag im Sturm. Und übrigens ...“ Und jetzt

guckt Martin Jonas an und Jonas holt etwas hinter seinem Rücken vor, das ist lang und dünn und in rosa Papier eingepackt.

„Das ist von der Mannschaft zum Geburtstag. Solltest du gestern schon kriegen, aber du warst ja nicht da.“
„Weil du doch so wild auf Pferde bist“, sagt Arne. „Und wir hatten gedacht …“
Da hat Lena das Päckchen schon ausgepackt und jetzt wird ihr Gesicht wirklich immer nur röter und röter.

Weil in dem rosa Papier nämlich eine Gerte ist, eine echte Gerte mit dunkelgrünem Griff und einem Knoten an der Spitze, die ist so schön, dass Lena fast weinen muss.
„Ist die nicht in Ordnung?“, fragt Martin ängstlich. „Meine Schwester hat sie ausgesucht, weil wir gedacht haben ...“
„Weiber wissen das besser!“, sagt Arne. „Solche Pferdesachen.“
Da nickt Lena und sagt, dass die Gerte ganz toll ist und dass es ihr Leid tut, dass sie gestern nicht da war, und dann stehen sie alle vier da und gucken auf den Boden und wissen nicht so richtig, was sie sagen sollen.
„Na, wenigstens einen Dankeskuss könntest du den drei Herren ja geben“, sagt Mama und zwinkert Jonas zu.
Da wäre Lena am liebsten gestorben. „Mama!“, sagt Lena und Jonas sagt ganz schnell: „Nee, nee, ist nicht nötig“, und dann gehen die drei Jungs schon zur Tür. Aber bevor sie nach draußen verschwinden, dreht Martin sich noch mal um.
„Bis Sonntag, Lena“, sagt Martin.
Da kriegt Lena wieder das gute Gefühl.

18.

„Mama!“, sagt Lena, als die Tür hinter den Jungs zugefallen ist. „Du bist immer so peinlich! Das würden die anderen Mütter nie machen!“
„Wieso denn?“, fragt Mama erstaunt. „Versteht ihr nicht mal mehr Spaß? Wo ihr heute doch alle so aufgeklärt seid und alles?“
Da würde Lena Mama am liebsten mal einiges erklären, aber sie weiß sowieso, dass Mama es nicht richtig versteht. Und außerdem klingelt es schon wieder an der Wohnungstür.
„Die haben was vergessen!“, sagt Mama. „Die Jungs. Obwohl ich nicht weiß, was das sein könnte“, und sie guckt sich suchend im Flur um. Dann macht sie die Tür auf.
„Na, meine Herren?“, sagt Mama. Dann geht sie einen Schritt zurück. Im Treppenhaus steht Katrin.
„Oh, sorry, sorry, sorry!“, sagt Mama und lacht. „Heute trete ich aber wirklich von einem Fettnäpfchen ins nächste!“
Lena merkt, wie ihre Hände den grünen Griff ganz fest halten und wie Katrin immerzu auf die Gerte starrt.

„Na, Lena?“, sagt Katrin. Ihre Stimme klingt ganz komisch dabei. „Meine Mutter hat gesagt, ich soll kommen. Weil ich dir doch versprochen hatte ...“
Lena legt die Gerte auf das Flurschränkchen. „Ja, mhm, okay“, sagt sie und guckt Katrin gar nicht an. „Du kannst reinkommen, wenn du willst.“
„Wegen der Mathearbeit morgen“, sagt Katrin schnell. „Meine Mutter sagt, ich soll mit dir üben. Das hat mit Verkrachtsein gar nichts zu tun.“
Lena guckt immer noch auf den Boden. Dass es so schwierige Situationen geben muss im Leben! Da weiß doch kein Mensch, was er sagen soll.
Nur Mama. Die weiß das natürlich wieder genau.

„Wieso, seid ihr verkracht?“, fragt Mama erstaunt. „Also so was Kindisches! Ihr seid aber auch wirklich zwei dumme kleine Mädchen“, und sie hängt Katrins Jacke einfach an den Garderobenhaken. Da ist es Lena wieder so peinlich, dass sie am liebsten sterben möchte, und sie guckt Katrin ganz schnell an und Katrin grinst ein kleines bisschen und da holt Lena tief Luft.
„Guck mal, hat mir die Mannschaft geschenkt“, sagt Lena und nimmt die Gerte vom Flurschränkchen. „Wie findest du die?“

Und Katrin versteht, dass sie jetzt wieder vertragen sind, und sagt, dass sie die Gerte ganz toll findet. Sie kriegt zum Geburtstag auch eine, aber mit Pferdekopf am Griff, die sind ein kleines bisschen teurer.
„Zuerst machen wir Mathe", sagt Katrin. „Und dann holen wir Ina ab. Wir müssen ja nicht unbedingt Hufeauskratzen spielen, wenn du das nicht willst."
Da weiß Lena, dass jetzt alles wieder in Ordnung ist.
„Du kannst die Gerte nachher auch mal haben", sagt sie und geht mit Katrin in ihr Zimmer. „Wenn du willst."
„Du kannst auch mal Reitlehrerin sein", sagt Katrin. „Wenn du willst."
Aber dann machen sie erst mal eine halbe Stunde lang Mathe. Und das ist gar nicht so schwer.

Kinder- und Jugendbücher von Kirsten Boie bei Oetinger

Alles ganz wunderbar weihnachtlich
Der durch den Spiegel kommt
Der Prinz und der Bottelknabe
Eine wunderbare Liebe
Ich ganz cool
Kerle mieten oder Das Leben ändert sich stündlich
Kirsten Boie erzählt vom Angsthaben
Lena. Allerhand und mehr
Linnea rettet Schwarzer Wuschel
Man darf mit dem Glück nicht drängelig sein
Mit Jakob wurde alles anders
Mittwochs darf ich spielen
Moppel wär gern Romeo
Nella-Propella
Nicht Chicago. Nicht hier.
Paule ist ein Glücksgriff
Prinzessin Rosenblüte
Sophies schlimme Briefe
Wir Kinder aus dem Möwenweg
Sommer im Möwenweg

Oetinger